GLOBAL FUTURE

직업교육으로 가는 새로운 길

김은비 · 김종윤

박영story

서문

현대사회는 기술 혁신과 글로벌화의 가속화로 인해 끊임없이 변화하고 있다. 인공지능(AI), 자동화, 디지털 전환 등의 발전은 전통적인 직업의 개념을 새롭게 정의하고 있으며, 이에 따라 노동시장과 교육 체계 또한 급격히 변화하고 있다. 과거에는 하나의 직업을 선택하고 이를 평생 유지하는 것이 일반적이었다면, 오늘날에는 지속적인 배움과 적응이 필수가 되었다.

이러한 변화 속에서 기존의 교육 시스템이 직면한 가장 큰 도전은 어떻게 하면 개인들이 급변하는 시대에 적응하고 지속적으로 성장할 수 있도록 도울 것인가 하는 문제이다. 기존의 학령기 중심의 교육 모델은 더 이상 유효하지 않으며, 생애 전반에 걸친 학습과 역량 개발이 중요해졌다. 이에 따라 '평생직업교육'의 개념이 주목받고 있다. 평생직업교육은 전통적인 직업교육의 개념을 넘어, 개인이 자신의 경력을 주도적으로 설계하고 지속적으로 발전시킬 수 있도록 돕는 체계적이고 유연한 교육 모델을 의미한다.

이 책은 이러한 시대적 흐름 속에서 평생직업교육이 갖는 의미와 중요성을 조명하고, 이를 통해 개인과 사회가 나아갈 방향을 모색하는 데 목적을 두고 있다. 본서는 급변하는 직업 환경 속에서 개인이 어떻게 평생학습을 실천하고 자신의 커리어를 발전시킬 수 있는지에 대한 구체적인 전략과 방법을 제시한다. 또한, 기업과 교육기관이 어떻게 협력하여 보다 효과적인 평생직업교육 시스템을 구축할 수 있는지도 다룬다.

우리는 VUCA(Volatility, Uncertainty, Complexity, Ambiguity) 시대에 살고 있다. 이는 변동성이 크고, 불확실성이 높으며, 복잡하고, 모호한 환경을 의미한다. 이러한 환경 속에서 노동시장 역시 빠르게 변화하고 있으며, 전통적인 직업의 개념이 재정의되고 있다.

특히, 자동화와 AI 기술의 발전은 반복적이고 단순한 업무를 대체하며, 이에 따라 인간의 역할이 변화하고 있다. 단순 기술이나 기능 습득만으로는 더 이상 안정적인 직업을 유지하기 어렵게 되었다. 따라서 창의적 사고, 문제 해결 능력, 데이터 분석

능력, 협업 능력과 같은 핵심 역량이 더욱 중요해지고 있으며, 이러한 역량을 지속적으로 개발하는 것이 필수적이다.

미래사회에서 개인이 경쟁력을 유지하기 위해서는 단순한 직업훈련을 넘어 지속적인 학습과 자기계발이 필수적이다. 이에 따라, 평생직업교육은 다음과 같은 방향으로 발전해야 한다.

순환적 교육 시스템 구축 – 전통적인 학령기 중심의 교육에서 벗어나, 필요할 때 언제든 학습할 수 있는 유연한 교육 시스템이 필요하다. 이를 위해 대학뿐만 아니라 기업, 지역사회, 온라인 플랫폼을 활용한 교육 기회가 확대되어야 한다.

맞춤형 교육 제공 – 개개인의 관심사, 능력, 직업 경로에 따라 맞춤형 교육 프로그램이 제공되어야 한다. 빅데이터와 AI를 활용한 개인 맞춤형 교육이 이를 가능하게 할 것이다.

기업과의 협력 강화 – 기업이 요구하는 역량과 교육기관에서 제공하는 교육 간의 격차를 줄이기 위해, 기업과 교육기관 간의 협력 모델이 강화되어야 한다. 기업이 적극적으로 교육 프로그램 개발과 운영에 참여할 필요가 있다.

디지털 학습 환경 조성 – 온라인 학습 플랫폼, VR/AR 기반의 실습 교육, AI 튜터링 등의 디지털 학습 환경을 적극 활용하여 학습의 접근성을 높여야 한다.

취약 계층을 위한 지원 확대 – 교육 격차를 해소하기 위해 경제적 · 사회적 취약 계층을 위한 교육 지원 프로그램이 마련되어야 한다. 이를 통해 누구나 평생학습에 참여할 수 있도록 보장해야 한다.

이 책은 이러한 변화 속에서 개인, 기업, 교육기관, 정부가 각자의 역할을 어떻게 수행해야 하는지에 대한 방향을 제시한다. 또한, 전통적인 직업교육을 넘어 평생직업교육이 나아가야 할 새로운 길을 모색한다.

우리는 이제 평생직업교육을 통해 개인이 자신의 커리어를 능동적으로 설계하고, 변화하는 환경 속에서도 지속적으로 성장할 수 있도록 지원해야 한다. 이 책이 이러한 과정에서 독자들에게 유용한 지침이 되기를 바란다.

2025년 4월 연구실에서

김은비, 김종윤

차례

PART 1 글로벌 퓨처: 평생직업교육

PART 2 평생직업교육의 이해

PART 1

글로벌 퓨처: 평생직업교육

PART 1. 글로벌 퓨처: 평생직업교육

1장 | 새로운 시대로의 변화

2장 | 글로벌 퓨처: 어떻게 대비해야 하나

3장 | 평생직업교육으로 준비하는 새로운 시대

1장

새로운 시대로의 변화

오늘날과 같이 빠르게 환경이 변화하는 것을 VUCA 시대로 지칭한다. 이는 Volatility, Uncertainty, Complexity, Ambiguity의 조어이다. 빠르게 변화하는 환경 속에서 예측 불가능한 미래를 나타내는 조어이다. 이제는 새로운 교육 패러다임이 필요한 시점이다. 그럼에도 불구하고 우리의 교육은 아동기, 청소년기, 청년기, 즉 유치원에서 대학으로 이어지는 단선적 성장경로로 이어지고 있다. 교육부 분야별 예산 비중(2022년)은 유초중고(79.1%), 대학(13.9%), 평생교육(0.1%)으로 이루어지고 있다(교육부, 2022). 이는 우리 사회는 생애 초기에 이루어지는 단편적인 성장경로를 잘 마치면, 삶이 안정적으로 이어질 것이라는 믿음에서 기인하는 것으로 보인다.

정부, 학부모, 학생은 12~20세까지 교육에 큰 투자를 하지만 사회에 진출하면 교육에 대한 스위치를 끄게 된다. 하지만 이제는 달라져야 한다. 미래 불확실성의 증가로, 생애 초기 성장경로를 잘 마친 것만으로는 안정적인 삶을 보장할 수 없는 시대에 직면한 것이다. 디지털 대전환, 인공지능(AI) 발달 등 기술혁신에 따른 지식의 폭발적 증가로, 학습이 계속 필요하기 때문이다. 대부분의 사람들은 고용 이후에도 계속해서 Re-skilling이 필요하다. 이에 앞으로는 전 생애에 걸쳐 삶과 학습이 하나가 되는 교육 패러다임 필요하다. 특히, 국민이 필요에 따라 대학과 같은 우수 교육기관을 계속 활용할 수 있는 순환적 교육시스템이 필요한 시점이다.

〈그림 1-1〉

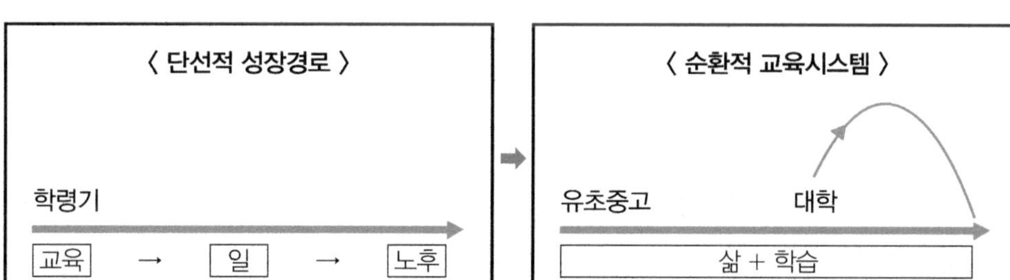

출처: 교육부(2023)

즉, 평생학습으로의 교육 패러다임 전환은 시대적 요구이다. 기술혁신, 미래 불확실성 증가로 지금 전 세계는 그 어느 때보다 계속 역량개발을 위한 평생학습의 중요성을 강조하고 있다. 이미 독일에서는 2019년, 유연한 평생학습체제를 강조한 「평생학습 국가전략」을 수립하였고, 2020년 포브스에서도 계속 학습(continuous learning)의 가치는 그 어느 때보다 중요함을 강조하고 있다. 한편 최근에는 '적극적인 학습'이 미래 핵심역량으로 부각되고 있다. 기업에서도 '업스킬 · 리스킬'(up-skilling and re-skilling)을 핵심 키워드로 주목하는 등 평생학습을 통한 역량강화에 큰 관심을 가지고 있다.

〈표 1-1〉 해외 보고서, 세계경제포럼에서 선정한 미래 핵심역량

순위	2020년('16년 발표)	2025년('20년 발표)
1위	복잡한 문제해결 (Complex Problem Solving)	분석적 사고와 혁신 (Analytical Thinking and Innovation)
2위	비판적 사고력 (Critical Thinking)	적극적인 학습과 학습전략 (Active Learning and Learning Strategies)
3위	창의력 (Creativity)	복잡한 문제해결 (Complex Problem Solving)

2장

글로벌 퓨처: 어떻게 대비해야 하나

직업세계는 기술발전과 사회변화, 경제활동의 변화 등에 의해 영향을 받고 있다. 미래의 직업 환경과 직업세계는 우리가 상상할 수 없을 정도로 달라질 것이다. 이처럼 전 세계가 매우 빠르게 변화하고 있고, 이렇게 변화하는 요인의 근본적인 원인을 찾는다면 직업세계의 변화를 생각해볼 수 있다. 이미 우리 사회는 제4차 산업사회로 진입하였고, 이제는 자동화 오픈형 AI 등 정보화 사회로 직업세계는 급격하게 변화하고 있다. 그리고 이제 평생직장의 시대가 아닌 평생직업의 시대로 함께하고 있다. 또한 이런 변화는 점점 더 가속화될 것이다.

기술의 진보와 정보화 시대의 도래로 인해 노동시장은 하루가 다르게 변화하고 있고, 앞으로는 새로운 고부가가치를 창출해 내는 개인의 지식 능력 활용 및 생산 능력이 미래 경쟁력의 핵심이 될 것이다.

미래 모빌리티의 급속한 기술발전은 전 세계를 하나의 생활권 · 경제권으로 통합을 가속화시키고 있다. 한편 직업세계의 변화는 개인의 대응방식에 있어서도 변화의 핵심이 되고 있다. 이와 함께 개인의 주관을 강조하는 시대 분위기로 인해 새로운 인재상이 정립되고 있다. 직업세계의 변화에 따라서 개인이 자신의 경력을 만들어나가야 하는 것이다. MZ세대는 직업세계를 또다른 자아실현의 장으로 인식하고 있다.

앞으로는 평생직장과 완전고용의 개념이 사라지고, 초고령사회의 진입과 함께 개인의 경제활동 수명이 길어져 본인이 하고 싶을 때까지 일을 할 수 있는 능력을 개발하고 경력을 개발할 수 있게 될 것이다. 즉, 미래의 직업세계에서는 빠른 변화에도 당황하지 않고 맞서 나아갈 수 있는, 취업 준비에서부터 은퇴에 이르기까지의 경력을 체계적으로 계획하고 관리하는 적극적 경력개발의 중요성이 더욱 강조될 것이다. 이제 더 이상 우리는 한 회사에서의 평생고용을 생각하지 않으며, 고소득과 승진을 위해 우리의 인생을 포기하지 않는다. 프로테우스식 경력은 개인의 경력이 직업 환경의 변화에 의해서만이 아니라 개인 자신의 관심, 능력, 가치관의 변화 등에 의해서 달라질 수 있다고 본다. 미래의 직업세계에서의 성공은 고소득, 지위, 명성과 같은 외적인 것이 목표가 아니라 자아실현, 가정의 행복, 마음의 평안과 같은 심리적 성공이며, 심리적 성공을 달성하기 위해 개인이 다양한 경력개발을 시도할 수 있다(Hall & associates, 1996; 주백규, 2006).

미래사회의 직업생활은 어떤 시대보다도 다양한 모습이 동시에 나타날 것으로 예측된다. 이러한 상황은 다양성으로 통칭될 수 있을 것이다. 먼저 원격 근무(telecommuting)가 광범위해질 것이다. 원격 근무는 인터넷을 비롯한 통신 기기를 활용하여 회사와 멀리 떨어진 자택이나 다른 장소에서 일을 수행하는 방식이다. 이 경우 회사 입장에서는 모든 직원들을 수용할 건물을 확보하지 않아도 된다. 자택에서 원격 근무를 하는 직장인의 입장에서는 직장생활과 가정생활이 공간적으로 다시 통합되는 현상이 일어난다. 혼잡한 출퇴근을 반복하지 않는 것은 직장인에게 좋은 점이지만 직장 동료와의 끈끈한 정을 누릴 수 없고 개인생활이 오히려 방해받는 상황도 예상된다.

또 한 가지 모습은 프로젝트팀의 광범위한 활성화이다. 상시적으로 조직이 갖추어져 있는 것이 아니라 특정한 과제가 있을 때 팀이 구성되어 일을 하는 조직이 프로젝트팀이다. 월드컵 축구 국가대표팀도 일종의 프로젝트팀이다. 필요할 때만 조직되는 프로젝트팀이 일반화되면 프리 에이전트(free agent)가 직장인의 모습이 될 것으로 예상된다. 프리 에이전트는 특정 회사가 아니라 이 회사가 저 회사를 옮겨 다니며, 일률적인 봉급을 받기보다 능력과 성과에 따라 수수료, 보너스, 스톡옵션 등의 보상을 받는 사람들이다. 프리 에이전트는 자영업자, 임시직이나 계약직, 프리랜서 등의 신분으로 직업생활을 수행한다. 새롭게 출현하고 있는 직업인들을 일부에서는 잡 노마드(job nomad)라고 명명하기도 한다. 잡 노마드는 말 그대로 유목민처럼 한 곳에 머물지 않고 일에 따라 여러 직장과 지역을 유랑하는 직업인들이다. 이들은 일을 찾아 전 세계의 국경을 민첩하게 넘나들기도 한다. 최근 발견되는 새로운 유형의 직업인은 일찍이 피터 드러커(Peter F. Drucker)가 논의한 '지식 근로자'의 개념을 넘어서고 있다. 드러커가 말하는 지식 근로자는 '육체적 노동이나 수작업 기술을 사용하기보다는 학교에서 배운 지식을 일에 활용하고 보수를 받는 사람'이다. 이들이 다른 노동자와 다른 점은 '이론적 · 분석적 지식을 획득하고 적용하는 능력'이다. 미래의 직업인들 다수는 지식 근로자일 뿐만 아니라 변화무쌍한 환경 속에서 자신을 변신해야 하는 존재이다.

지금까지 미래의 직업생활을 원격 근무, 프로젝트팀, 프리 에이전트, 잡 노마드 등의 개념으로 정리해 보았다. 그렇다면 개인의 입장에서 볼 때 미래의 직업생활에서 주도적으로 활동하기 위해서 어떠한 준비를 해야 할 것인가? 이 질문에 대한 답은 프로테우스식 경력에서 찾을 수 있다. 앞서 설명한 바와 같이 프로테우스식 경력을 갖춘 직업인은 변화하는 환경에 맞게 자신의 인생과 경력을 변화시킬 수 있다. 이러한 능력을 갖추기 위해서는 끊임없이 학습하고 준비해야 하는 것은 당연하다.

〈표 1-2〉 미래의 글로벌 퓨처 직업세계의 변화 및 고용 · 취업환경의 변화

사회환경 변화	직업세계 변화	고용 · 취업환경 변화
기술 발전	• 디지털 기술과 네트워크가 결합되면서 산업 및 일의 특성 첨단화 · 자동화 • 자동화된 기계와 소프트웨어 프로그램이 사람을 대체 • 온라인 거래 관련 직업 등이 증가	• 산업의 자동화 · 첨단화로 인해 노동생산성 향상을 가져와 인간노동이 대체될 수 있음 • 제조업 등의 분야에서는 공장자동화 시스템 등이 도입됨으로써 인력 대체 현상이 가속화됨 • 인터넷 발달과 온라인 거래가 활성화됨으로써 텔레마케터, 인터넷 판매원, 웹프로그래머, 고객 상담원의 고용 증가
인구 구조의 변화	• 의료보건 및 사회복지, 가사노동 대체 서비스, 보험 등과 관련된 산업 성장	• 인구의 고령화는 청년층과 고령층 간의 직업과 직무의 역할 부담을 어떻게 할 것인지 등에 영향을 미치게 됨 • 즉, 노인 노동력이 저출산에 따른 노동공급의 빈자리 대체 • 이에 따라 경제활동인구와 숙련 노동인구의 감소 및 노령화를 가져오게 될 것이나 의료보건서비스나 사회복지 관련 직업의 인력수요는 증가할 전망

사회환경 변화	직업세계 변화	고용 · 취업환경 변화
사회의 가치 변화	• 삶의 질을 유지하는 중요한 노동 영역 생성 • 개인의 개성이 중요한 가치로 부각됨에 따라 소비자의 취향, 기호와 같은 감성적 필요가 상품 및 서비스 구성의 핵심을 차지하게 됨으로써 노동의 주요 특성 변화	• 여가 및 문화생활은 단순한 육체적 휴식의 개념을 넘어 정신적 재충전, 창의성과 상상력 발현을 위한 충전적 개념으로 해석됨에 따라 인재 유치를 위해 기업의 문화 또한 변화하고 있음 • 건강한 삶과 여가생활에 대한 관심 증가는 여행 및 관광 관련 직업과 사회복지사, 요양보호사, 환경공학기술자의 고용에 긍정적 영향을 미칠 것임 • 삶의 질 중시 경향은 근로조건이 열악하고 임금 수준이 낮은 직업(예: 제조업 및 건설생산직 등)에 대한 취업 기피로 이어질 것임 • 여성의 노동시장 참여 증가 • 개성 중시 및 가치관의 다양화에 대응하기 위하여 기업은 고객서비스를 강화하고 제품 다각화에 많은 노력을 기울이고 있는데, 이에 따라 고객상담원, 제품기획전문가, 조사전문가의 고용에 긍정적 영향을 미칠 것임
세계화	• 무역 관련 산업이 지속적으로 발전	• 국제무대에서의 글로벌 교육전문가를 비롯한 다양한 전문 분야에서 일할 수 있는 기회 확대 • 관세사, 무역사무원, 해외영업원의 고용증가, FTA 체결로 농업 부문 취업자 고용감소 • 아시아의 인적 · 물적 네트워크와 연결됨으로써 기업 인재의 글로벌 역량 강화
기후 · 환경변화	• 저탄소녹색기술 및 산업 성장 • 온난화 문제 해결을 위한 직업 증가	• 저탄소 녹색 성장이 강조, 환경, 윤리, 안전 등의 분야에 많은 일자리들이 지속적으로 창출

출처: 정철영(2010) 연구를 바탕으로 저자 재구성

3장

평생직업교육으로 준비하는 새로운 시대

천연자원조차 부족했던 우리나라가 괄목할만한 발전을 이룰 수 있었던 절대적인 기여요인 중 하나는 교육이며, 특히 직업교육을 통한 우수 인력 개발을 꼽을 수 있다. 최근 동남아시아 등의 개발 도상국들은 우리나라의 이러한 발전 요인을 인식함에 따라 우리나라의 직업교육정책을 벤치마킹하고 자국의 산업인력 양성에 적용하려는 시도를 하고 있다.

인공지능(AI), 사물인터넷, 3D 프린터 등으로 대표되는 ICT 산업과 제조업이 융합된 제4차 산업혁명 시대가 도래하고 있다. 이로 인해 사회, 경제, 교육 등 다양한 분야에서의 급속한 변화가 예상되고 있다. 예를 들면, 제4차 산업혁명으로 인하여 현존하는 직종 중 710만 개의 직종이 사라지고 다시 200만 개가 생겨나 결국 510만 개의 직종이 없어지는 직업 구조의 큰 변화가 예상되고 있다(다보스포럼, 2016). 뿐만 아니라 미래에는 단순 반복에 의존하는 직업은 사라지고, 고부가가치를 창출할 수 있는 고숙련 직업이 강조될 것으로 전망된다. 독일은 제4차 산업혁명에 대비하기 위해 제조업의 경쟁력을 강화하는 '플랫폼 인더스트리 4.0' 정책을 수립하여 추진하고 있다. 또한 제4차 산업혁명 시대에 필요한 인력을 양성하기 위해 '직업교육훈련 4.0' 정책도 병행하여 추진하고 있다.

우리나라도 '제조업 혁신 3.0' 정책과 함께 제4차 산업혁명 시대를 대비한 새로운 정책 마련에 노력하고 있다. 특히, 우리나라는 제4차 산업혁명의 도래뿐만 아니라 급속한 저출산 고령사회로의 전환 등으로 다른 국가들보다 더 빠른 사회변화가 예상되고 있으며, 이는 평생직업교육 분야에 많은 영향을 미칠 것으로 예상된다.

과거에는 직업교육의 주요 목표가 '산업에서 필요한 인력 양성'이 강조되었던 반면 최근에는 '산업에서 필요한 인력 양성'이라는 목표와 함께 '능력중심사회 구현' 목표가 강조되고 있다(박동열 외, 2016). 특히, 현 정부는 능력중심사회 구현의 일환으로 기업-학교 간 인력 미스매치를 해소하기 위하여 평생직업교육을 국가직무능력

표준(이하 NCS) 중심으로 개편하고, 학교 밖 학습 경험의 체계화를 통해 일학습병행 기반의 직업교육으로 확대하였으며, 동시에 지속적인 경력 개발을 위한 후학습 방안들을 수립하여 운영하고 있다. 이와 같이 급변하는 직업교육환경 속에서 직업교육을 어떻게 대비하고, 무엇을 준비할 것인가에 대한 논의가 필요하다.

PART 2

평생직업교육의 이해

PART 2. 평생직업교육의 이해

1장

평생직업교육의 기초

교육이라는 단어는 우리에게 학교를 떠올리게 한다. 그러나 제4차 산업혁명 시대에 빠르게 변화하는 사회에서 살아가기 위해 학교교육 이외의 교육활동은 선택이 아니라 필수가 되어가고 있다. 이제 학교교육에서 벗어나 인간이 태어나서 죽을 때까지 평생에 걸쳐 학습하고 발전해 나가는 평생교육의 필요성이 부각되고 있다. 이러한 평생교육은 단순히 학문적 지식의 습득을 넘어, 직업 능력의 향상과 직업 전환을 위한 교육까지 포괄한다.

현대사회에서는 한 가지 직업을 평생토록 유지하기보다는 여러 직업을 경험하는 것이 일반화되고 있다. 이는 기술의 발전, 산업구조의 변화, 경제적 불확실성 등 다양한 요인에 의해 촉발된다. 따라서 평생교육의 관점에서 직업교육의 중요성은 점점 더 커지고 있다. 평생직업교육은 개인이 다양한 직업을 경험하고, 필요에 따라 새로운 기술과 지식을 습득하며, 직업적 역량을 지속적으로 개발할 수 있도록 돕는 중요한 역할을 한다.

평생교육은 단순한 지식 전달을 넘어, 개인의 전 생애에 걸쳐 자아실현과 사회참여를 가능하게 하는 포괄적 교육활동을 의미한다. 평생교육에서 직업교육은 개인의 직업적 역량을 지속적으로 향상시키고, 급변하는 노동시장에서 생존하고 번영할 수 있는 능력을 배양하는 것을 목표로 한다.

평생직업교육의 개념에 대해 설명하기 위해 먼저 평생교육법과 관련 법령을 살펴볼 필요가 있다. 평생교육법은 모든 국민이 생애에 걸쳐 학습할 수 있는 권리를 보장하고, 이를 위한 체계적이고 지속적인 지원을 규정하고 있다. 특히 평생교육진흥기본계획은 이러한 법적 근거를 바탕으로, 평생직업교육의 구체적인 방향과 전략을 제시한다. 이를 통해 개인이 직업적 변화를 능동적으로 대응하고, 지속적으로 직업능력을 개발할 수 있도록 돕는 체계적인 지원 방안을 마련하고 있다.

평생교육과 평생직업교육은 현대사회에서 필수적인 요소로 자리잡고 있다. 학교

교육을 넘어선 지속적인 학습과 직업능력개발은 개인의 생애 전반에 걸쳐 중요한 역할을 하며, 이는 궁극적으로 개인의 성장과 사회의 발전을 촉진하는 기반이 된다. 이 장에서는 이러한 평생교육의 개념과 중요성을 바탕으로 평생직업교육의 역할과 필요성에 대해 깊이 있게 탐구할 것이다.

Ⅰ. 평생교육

평생교육은 인간의 삶을 지속적으로 발전시키기 위한 학습 활동으로, 학교교육을 넘어 다양한 시기와 장소에서 이루어지는 모든 형태의 교육을 포함하는 개념이다. 우리나라는 헌법 제31조 제5항에서 국민의 평생교육을 진흥할 것을 국가의 의무로 규정하고 있다. 이러한 헌법적 배경 아래 1982년 사회교육법이 공포되었고, 1999년에는 평생교육법이 제정되면서 평생교육의 중요성이 인식되기 시작했다. 평생교육법 제2조에 따르면 평생교육은 학교의 정규교육과정을 제외한 학력보완교육, 성인문자해득교육, 직업능력향상교육, 인문교양교육, 문화예술교육, 시민참여교육 등을 포함하는 모든 형태의 조직적인 교육활동이라고 정의된다. 이는 기존의 사회교육을 대체하는 개념으로, 학교교육 이외의 모든 교육을 아우르는 의미를 지닌다.

평생교육의 개념은 처음 등장한 이래로 다양한 정의를 통해 발전해왔다. 평생교육의 원어는 프랑스어로 'éducation permanente'이며, 영어로는 'lifelong education'이다. 우리말로는 평생교육으로 번역되고, 일본에서는 '생애교육'이라는 용어로 사용되고 있다. 평생교육에 대한 학자들의 정의는 매우 다양하지만, 주요한 내용을 정리하면 다음과 같다. 평생교육이라는 용어는 1965년 UNESCO 성인교육추진국제위원회에서 랭그랑(Lengrand)이 제출한 연구보고서에서 처음 등장하였다. 랭그랑은 한 개인이 학교라는 형식적 기관에 들어서면서 교육이 시작되고, 떠나면서 교육이 끝나는 것이 아니라, 교육은 일생을 통해 계속되어야 한다고 주장함으로써 교육이 학교에서만 이루어지는 것이 아닌 삶(education is life)이라는 개념으로 확대시켰다(Lengrand, 1970).

OECD는 평생교육이 어린 시절부터 성인에 이르기까지 생애에 걸쳐서 학교교육뿐만 아니라 학교 밖의 기관에서 이루어지는 교육과 훈련, 비형식적 학습 등을 포함한다고 하였다. 이들은 평생교육을 통해 인적 자본과 사회적 자본을 증가시키는 것을 중요하게 보고 있다. 국내에서도 평생교육의 개념은 다음과 같이 세 가지 차원에서 논의될 수 있다.

첫째, 평생교육은 평생학습사회에 어울리는 새로운 교육이라는 관점이다. 천세영과 한승희(2006)는 '평생교육이란 무엇인가'라는 질문은 사실 평생학습사회라는 새로운 맥락에서 재규정되는 '교육이란 무엇인가'라는 질문과 같다고 하였다. 평생교육은 평생학습사회에서 교육이라는 하나의 활동을 그려내는 해답이 될 수 있다. 한승희(2006)는 광의와 협의로 평생교육을 구분하면서 광의의 평생교육이란 '평생교육의 거대 명제 아래 학교교육과 성인(사회)교육이 유기적이고 화학적으로 통합되어야 한다'고 강조하였다. 즉, 수평적 · 수직적 차원의 다양한 교육활동이 기존에 존재해 왔고, 이를 통합하기 위한 화학적이며 유기적인 첨가물로 평생교육이 기능을 담당해야 한다.

둘째, 평생교육은 전 생애(lifelong) 및 범생애(lifewide)에서 발생하는 모든 교육을 물리적으로 통합하는 총칭으로 보는 견해이다. 평생교육이란 요람에서 무덤까지의 모든 교육활동을 의미한다. 교육은 학교를 넘어 다양한 시기와 장소에서 발생할 수 있다. 평생교육은 학교뿐만 아니라 학교 밖 교육과 성인교육 등 삶의 모든 영역을 포함한다(Ouane, 2002). 김진화(2006)는 광의적으로 평생교육이란, 교육의 최상위 개념으로 인간의 전 생애에 걸쳐 이루어지고 있는 모든 생애교육을 포함하며, 모든 생활영역에 실시되고 있는 가정교육, 학교교육, 사회교육, 기업교육, 사이버 교육 등 범생애적 교육을 통칭하는 개념으로 정의하였다.

셋째, 평생교육을 성인교육과 같은 개념으로 보는 견해도 있다. 국내와 유럽의 많은 학자들은 평생교육의 개념을 전 생애 및 범생애 교육활동의 통합으로 이해한다. 그러나 천세영(2002)은 평생교육이 초 · 중등교육 등 공식 교육까지를 포괄하는 개념으로 확대된다면, 교육과 동의어로 쓰일 수 있다는 점에서 비판을 제기하였다. 그는 평생교육이 기존 교육의 외연적 확대를 위한 이념 또는 패러다임 정도에서 그 중요성을 인정받을 수 있다고 보았다. 배을규(2006) 역시 평생교육 또는 평생학습이 오늘날 교육의 지향점을 제시한 마스터 개념이며, 추상적이고 은유적인 표현임을 강조하였다. 결국, 평생교육은 학교교육 이외의 성인을 대상으로 한 교육과 크게 다르지 않다는 견해이다.

이상의 논의를 종합해 보면, 평생교육이란 인간의 삶의 질을 개선하기 위해 누구에게나 장소 구분 없이 학습할 수 있는 기회의 장을 제공하며, 학습의 참여가 자율적인 인간의 삶과 성장을 돕는 것이다. 즉, 개인과 집단생활의 질 향상이라는 이념을 추구하기 위하여 개인적, 사회적, 그리고 전문적 발달을 도모하는 과정이라 볼 수 있다. 그러므로 평생교육은 단순히 교육의 외연적 확대를 넘어서, 평생학습사회를 위한 새로운 패러다임으로 자리잡아야 한다.

Ⅱ. 평생교육의 필요성

평생교육의 필요성은 현대사회에서 점점 더 강조되고 있다. 이는 개인과 사회 모두에게 복지 실현, 세계화, 노동시장의 변화에 적응하는 데 중요한 역할을 한다.

1. 복지 실현

현대사회에서는 모든 사람이 원하는 교육기회를 균등하게 부여받는 데 한계가 있다. 기존 교육 제도는 이러한 요구를 충족시키지 못하며, 교육의 혜택을 충분히 받지 못한 불이익 집단에게 적절한 기회를 제공하지 못하고 있다. 평생교육은 이러한 불균형을 해소하기 위해 필요하다. 김승현(2010)은 평생교육이 사회적 상승 이동의 기회를 제공하고, 교육기회의 균등이라는 사회정의를 실현하는 데 중요한 역할을 한다고 주장한다. 이는 특히 교육을 통한 인지적 성장과 사회적 참여를 통해 실현된다.

또한, 고령화 사회로 진입하면서 노인들의 평균수명이 길어지고 있다. 이에 따라 노인들의 교육 욕구도 다양해지고 있다. 노인들이 자신의 삶의 질을 향상시키기 위해서는 평생교육을 통해 다양한 교육 프로그램에 접근할 수 있어야 한다. 이는 노인들이 사회에서 활발하게 참여할 수 있는 기회를 제공하며, 그들의 사회적 고립을 방지하는 데 도움을 준다.

2. 세계화 시대의 도래

한국은 전통적으로 단일 민족, 단일 문화를 유지해 왔으나, 해방 이후 산업화와 함께 수출 주도 경제정책과 세계화의 물결 속에서 많은 변화가 일어났다. 많은 한국인이 해외로 이주하였고, 다양한 국적의 외국인이 국내에 거주하게 되었다. 이러한 변화는 단순한 언어적 커뮤니케이션 능력을 넘어서, 다양한 문화와 제도를 이해하는 능력을 필요로 한다.

세계화는 경제뿐만 아니라 문화, 이념, 종교, 스포츠 등 다양한 측면에서 우리의 생활에 깊숙이 영향을 미친다. 이러한 상황에서 세계화에 능동적으로 대응하고, 다문화 사회에서 공존할 수 있는 태도와 능력을 기르기 위해서는 평생교육이 필요하다. 이는 지식과 기술의 발달로 인한 공간적 한계의 소멸과 문화적 경계의 붕괴에 적응하는 데 도움을 준다.

3. 노동시장의 변화

지식기반사회에서 노동시장은 급격한 변화를 겪고 있다. 과거의 노동집약적이고 단순 반복적인 일자리는 점차 사라지고, 정보화와 자동화에 기반을 둔 새로운 형태의 작업이 등장하고 있다. 이에 따라 직업 구조와 고용 형태도 변화하고 있다. 새로운 지식과 기술을 습득하지 않으면 노동시장에서 경쟁력을 유지하기 어렵게 되었다.

오늘날의 직업시장에서는 특정 분야에서 쌓은 지식과 경험이 빠르게 무용지물이 될 수 있다. 따라서 지속적인 학습과 자기계발이 필수적이다. 평생교육은 이러한 필요를 충족시키기 위한 중요한 수단이다. 학교를 졸업한 후에도 계속해서 학습하고, 학교 외의 장소에서도 교육을 받을 수 있도록 하는 시스템이 필요하다.

노동시장의 변화는 사회적 이동성을 증가시키며, 이는 개인이 직업 및 사회생활에 적응하기 위해 지속적인 학습을 요구한다. 평생교육은 개인이 이러한 변화에 능동적으로 대처할 수 있도록 돕는 중요한 역할을 한다.

결론적으로, 평생교육은 복지 실현, 세계화 대응, 노동시장의 변화 등 현대사회의 다양한 요구에 부응하기 위해 필수적이다. 이는 개인의 성장과 사회적 통합을 촉진하며, 지속 가능한 사회 발전에 기여한다.

Ⅲ. 평생교육에서 바라본 직업교육

평생교육은 현대사회에서 필수적인 요소로 자리잡고 있으며, 이는 단순한 지식 전달을 넘어 인간의 자아실현과 교육적 성장을 목표로 한다. 특히 직업교육은 평생교육의 중요한 영역으로 부각되고 있다. 다음에서는 평생교육의 필요성과 직업교육의 중요성을 설명하고자 한다.

1. 평생교육의 본질과 필요성

평생교육의 본질은 인간이 평생 동안 삶의 의미를 발견하고 성장하려는 욕구를 충족시키는 데 있다. 이는 단순히 생존을 위한 경제적 수단을 넘어서, 인간으로서의 자아실현과 교육적 성장을 지향해야 한다는 것이다(김승근, 2014). 1960년대 후반부터 직업교육은 평생교육의 중요한 영역으로 부각되었으며, 1969년에 출간된 '평생학습: 계속교육 심포지엄(Lifelong Learning: A Symposium on Continuing Education)'에서는 급변하는 사회에 대응하기 위해 정규학교를 졸업한 이후에도 지속적인 직업훈련 및 계속훈련에 참가해 직업능력을 개발하고, 새로운 지식과 기술을 습득해야 함을 강조하였다.

2. 직업교육과 평생교육의 연계

평생교육은 인간의 존엄한 생존성과 더불어 삶의 질을 향상시키는 수단으로 인식되면서 직업교육과 긴밀히 연계되고 있다. 한승희(2006)는 평생교육을 경험의 계속적이고 자기주도적인 성장을 유발하는 학습을 촉진하는 의도적이고 체계적인 활동으로 설명하였다. 이정표 외(2000)는 직업 활동과 관련된 개인의 능력 개발이나 향상을 목적으로 실시되는 비정규 교육훈련도 평생교육의 일환으로 보았다.

기업은 세계시장의 무한경쟁시대에 생존하기 위해 근로자에게 지속적인 변화와 학습을 요구하고 있으며, 개인은 평생에 걸쳐 계속적인 교육에 참여해야 한다(김종서 외, 2000). 특히 직업 환경이 평생직장에서 평생직업으로 변화되면서 취업과 퇴사를 수차례 반복하게 되고, 이 과정에서 재취업을 위한 직업교육이 평생에 걸쳐 이행된다는 점에서 직업교육은 평생교육과 동일시할 수 있다.

21세기는 개방화 · 정보화 사회이며 지식이 폭발적으로 증가하면서 한정된 지식만으로는 일정한 수준의 일자리를 지속할 수 없게 되었다. 직업을 유지하기 위해서는 평생 새로운 지식과 문물을 습득하려는 경력 설계 노력이 필요하다. 이러한 사회적 변화는 학교교육 체제에서 벗어나 사회의 다양한 방법을 통한 교육적 기능을 수행하는 평생직업교육에 대한 관심과 요구로 이어지고 있다. 최근 평생교육의 중요성이 강조되면서 평생교육 차원에서 직업교육을 평생을 통한 직업교육의 개념으로 제시하고 있다(김승근, 2014).

김승근(2014)은 직업교육을 '개인이 일의 세계를 탐색하고 자신의 적성, 흥미, 능력, 신체적 특성, 가치관 등에 알맞은 일을 선택하여 그 일에 필요한 지식, 기능, 태도, 이해, 판단력, 일에 대한 습관 등을 개발하거나 이미 현직에 종사하고 있는 근로자가 자기 일을 개선 · 유지할 수 있도록 학교교육, 사회교육 그리고 일의 현장을 통하여 능력을 개발하는 전체 교육의 일부'로 정의하였다. 이는 직업교육이 전 생애에 걸쳐 필요함을 강조한 것이다.

3. 평생직업교육의 실천과 확장

평생교육은 인간이 공적 · 사적으로 평생에 걸쳐 참여하는 교육이며, 평생직업교육은 인간이 공적 · 사적으로 평생에 걸쳐 구직활동을 하며 참여하는 직업과 직 · 간접적으로 관련된 교육으로 규정할 수 있다. 100세 시대에 직업교육의 의미는 단순히 직업을 위한 교육이 아닌 삶을 준비하는 교육으로 확대되고 있으며, 평생교육은 2모작 혹은 3모작 인생을 준비하는 성인의 직업교육에 강조점을 두고 있다. 따라서 평생직업교육은 성인이 교양이나 취미, 여가생활을 즐기기 위한 목적의 일부 교육활동을 제외하고, 정규교육을 포함하여 일생동안 이루어지는 대부분의 교육을 포함한다고 할 수 있다.

평생교육 프로그램을 살펴보면, 직업교육이 중요한 부분으로 포함되어 있음을 확인할 수 있다. 김진화(2010)는 한국의 평생교육 프로그램을 6개의 대영역과 18개의 하위영역으로 분류화 · 체계화하였다. 대영역 중 하나로 자리잡은 직업능력교육은 직업준비와 직무역량개발을 위한 교육으로, 직업에 필요한 자격과 조건을 체계적으로 준비하고 주어진 역할과 직무를 효과적으로 수행할 수 있도록 지원하는 평생교육으로 정의된다. 직업능력교육의 하위영역에는 직업준비 프로그램, 자격인증 프로그램, 현직 직무역량 프로그램이 포함된다.

〈표 2-1〉 한국 평생교육 프로그램 분류체계

6대 영역	정의
기초문해 교육	한글을 읽고 쓸 수 있도록 하는 문자해득능력과 생활 속에서 직면한 문제를 해결하며 주어진 과업을 수행할 수 있는 문해 활용능력을 개발하고 초등학력을 인증받을 수 있도록 지원하는 평생교육
학력보완 교육	초 · 중등교육법, 고등교육법, 평생교육법에 명시된 소정의 학력을 인정받기 위해 필요한 이수단위 및 학점과 관련된 학력인증 평생교육
직업능력 교육	직업에 필요한 자격과 조건을 체계적으로 준비하고, 주어진 역할과 직무를 효과적으로 수행할 수 있도록 지원하는 평생교육
문화예술 교육	문화예술적 상상력과 창의력을 촉진하고 문화예술행위와 기능을 숙련시키는 일련의 과정과 일상생활 속에서 문화예술을 향유하고 접목할 수 있는 능력을 개발하는 평생교육
인문학 교육	특정 직업에 필요한 전문지식 및 기술 획득을 위한 학습보다는 교양을 갖춘 현대인으로서 전인적인 성품과 다양한 소양을 개발하고, 신체적 · 정신적 건강을 겸비할 수 있도록 지원하는 평생교육
시민참여 교육	현대의 민주시민으로서 갖추어야 할 자질과 역량을 개발하며, 사회통합 및 공동체 형성과 관련하여 시민참여를 촉진하고 지원하는 평생교육

출처: 김진화, 고영화, 권재현, 정민주(2010). 한국 평생교육 프로그램 분류체제 개발 연구. 평생교육학연구, 16(3), p.222. 재정리

평생교육은 현대사회에서 필수적인 요소로 자리잡고 있으며, 직업교육은 그 중요한 부분을 차지하고 있다. 개인의 자아실현과 교육적 성장을 위해, 그리고 급변하는 사회에 적응하기 위해 평생교육의 중요성은 아무리 강조해도 지나치지 않다. 이를 통해 우리는 더 나은 삶을 영위할 수 있으며, 사회 전체의 발전에도 기여할 수 있다.

Ⅳ. 직업교육에서 바라본 평생교육

직업교육은 전통적으로 노동시장의 수요를 충족시키기 위해 구체적인 기술과 지식을 교육하는 것을 목적으로 한다. 교육기본법 제2조는 교육의 이념을 홍익인간으로 규정하고, 모든 국민이 자주적 생활능력과 민주시민으로서의 자질을 갖추도록 하는 데에 교육의 목적이 있음을 밝히고 있다. 일반교육이 포괄적이고 광범위한 개념을 포함하고 있는 반면, 직업교육은 더 구체적인 목표를 가지고 있다. 이는 학생과 근로자들이 취업 및 직무수행에 필요한 지식, 기술, 태도를 습득하게 하는 교육을 의미한다(직업교육훈련촉진법 제2조).

직업교육의 개념은 시간이 지나면서 변화해왔다. 초기 직업교육학자들인 네이비드 스네든과 찰스 프로세서는 전통적인 교육에 흥미를 느끼지 못하는 학생들의 중도탈락을 막고 취업 기회를 제고하기 위해 직업교육이 필요하다고 보았다(장원섭, 2001). 이에 따라 실업계 고등학교, 전문대학 등에서 학사학위 미만을 요구하는 직업을 위한 교육이 이루어졌다. 이무근(2000)은 직업교육을 개인이 학사학위 미만의 직업에 종사할 수 있도록 하는 교육으로 정의하면서, 이는 학교교육, 사회교육, 일의 현장에서 능력을 개발하는 전체 교육의 일부라고 설명했다.

직업교육의 범위는 최근 들어 크게 확대되었다. 이는 산업구조와 기술의 변화로 인한 노동시장의 요구 변화에 따라 고용 유연화가 진전되고 숙련된 인력에 대한 수요가 증가했기 때문이다(안재문, 2014). 이러한 변화는 직업교육이 더 이상 특정 수준의 학력을 요구하는 직업을 위한 교육만을 포함하지 않고, 평생교육의 개념까지 포괄하도록 만들었다. 이제 직업교육은 중등 직업교육, 고등 직업교육, 성인을 위한 재교육 및 기술 습득까지 포함하는 광범위한 교육이 되었다.

직업교육에서 평생교육을 바라보는 관점은 전통적인 직업교육과는 다르다. 평생직업교육은 전통적 직업교육의 한계를 극복하고, 직업과 일반 문화를 통합하여 직업을 통한 교육을 강조한다(편경희, 2006). 이는 개인이 존재하고 함께 살아가기 위해 필요한 기초능력과 잠재력을 계발하는 평생에 걸친 교육이다. 평생직업교육의 목표는 단순히 기술을 배우는 것을 넘어, 개인의 지속적인 성장을 돕고, 삶의 질을 향상시키는 데 있다.

평생직업교육은 전통적 직업교육과는 여러 측면에서 차이를 보인다. 전통적 직업교육의 목표가 특정 기술을 배우는 것이라면, 평생직업교육은 알고, 학습하고, 존재하고, 살아가는 데 필요한 능력을 함양하는 것을 목표로 한다. 교육 내용도 고용을 위한 기술 능력뿐만 아니라 고용 가능성을 높이는 직업기초능력까지 포함한다. 운영 측면에서도 평생직업교육은 형식적 교육과 비형식적 교육을 모두 포함하며, 일회성이 아닌 지속적이고 순환하는 학습을 지향한다(이정표 외, 2003).

〈표 2-2〉 전통적 직업교육과 평생직업교육의 비교

구분	전통적 직업교육	평생직업교육
교육목표	• 알기 위한 학습/실행하기 위한 학습 • 공급자 중심의 접근 • 도구주의적 접근	• 알기 위한 학습/실행하기 위한 학습/존재하기 위한 학습/함께 살기 위한 학습 • 수요자 중심의 접근 • 인간주의적 접근
교육내용	• 고용을 위한 교육훈련 • 특정 기술능력	• 고용 가능성을 위한 교육훈련 • 다면적 기술능력/직업기초능력
교육영역	• 형식적 부분에 초점	• 형식적 · 비형식적 부문에 초점
교육운영	• 직업교육과 직업훈련의 분리 • 일과 학습의 분리 • 정부 주도의 중앙집권체제 • 일회적 학습	• 직업교육과 직업훈련의 통합 • 일과 학습 간 유연한 이동 • 중앙/지방, 공공/민간부문 간의 연계 및 협력 • 계속 순환 평생학습

출처: 이정표, 백형찬, 정걸채, 김기홍(2003). 전환기의 직업교육체제 재정립. 서울: 한국직업능력개발원, P.45.

결론적으로, 직업교육에서 바라본 평생교육은 개인의 삶의 모든 단계에서 필요한 교육을 제공하는 것으로 정의할 수 있다. 이는 단순히 직업을 위한 교육을 넘어, 개인의 전반적인 성장을 도모하고, 사회적 통합을 이루기 위한 교육을 포함한다. 직업교육과 평생교육의 통합은 현대사회에서 더욱 중요한 의미를 가지며, 이를 통해 개인과 사회가 함께 발전할 수 있는 기반을 마련할 수 있다.

Ⅴ. 평생직업교육

평생직업교육은 개인이 직업생활을 통해 자신의 가치를 표현하며 성공적인 삶을 영위할 수 있도록 전 생애에 걸쳐 개인의 능력 개발을 지원하는 교육이다. 이는 경력과 관련된 평생학습을 포함하며, 일 경험을 통해 개인이 성장하고 발전하여 학습자 내부의 총체적인 경험으로 축적되고 재구성되는 과정을 포함한다. 따라서 평생직업교육은 생애경력개발과도 의미가 통한다(진성미, 2009).

평생직업교육은 생애 어느 시점에서든지 희망하는 능력을 개발할 수 있도록 지원하며, 이를 통해 성공적인 삶을 지원하는 체제로 변모한다(정지선, 2017). 직업의 성공은 직업의 가치를 어디에 두는가에 따라 달라질 수 있다. 유홍준(2005)은 직업에 대한 가치지향을 내재적 가치와 외재적 가치로 구분했다. 외재적 가치지향은 경제적 측면, 권력 추구, 사회적 위세를 중시하며 직업을 도구적 가치로 보는 반면, 내재적 가치지향은 직업생활을 통해 자신의 능력을 발휘하고 사회에 헌신하며 인간관계를 중시하는 것으로 직업 그 자체에 가치를 둔다.

생애경력개발은 구성원이 생애주기에 따라 경력목표를 수립하고 이를 달성할 수 있도록 기회와 자원을 제공하는 총체적인 활동을 의미한다. 이러한 관점에서 경력은 구성원 개인의 가치관을 기반으로 자기 주도적이고 적극적인 노력을 통해 스스로 발전시켜 나가는 것이며, 개인의 생애에 걸쳐 함께 발전한다(구정모, 2010). 경력개발은 조직 구성원 개인과 조직이 구성원의 진로 또는 경력을 함께 계획하고 관리하는 종합적 프로그램이다(박경문 · 이용탁, 1999). 그러나 사회 변화에 따라 조직 구성원을 둘러싼 경력 환경이 매우 불안정해지고, 고용 불안정성이 높아지면서 경력개발의 의미가 조직 위주에서 개인 주도로 옮겨가게 되었다. 이에 따라 개인의 생애주기와 조직의 인적자원 관리에 대한 필요성과 함께 통합된 생애경력개발이 등장하게 되었다(김동철, 김정원, 2014).

Super는 Ginzberg의 진로선택발달 이론을 발전시켜 전 생애 진로발달의 관점으로 이론을 체계화하였다. Super(1990)는 진로발달을 자아개념의 발달로 보았으며, 자아개념은 전 생애 발달 단계에서 다양한 경험을 통해 형성된 일과 관련된 능력, 흥미, 가치 등에 대한 태도를 의미한다. 그는 진로발달이 생애발달의 모든 단계에서 일어나며 각 발달 단계마다 발달과업이 있다고 주장하였다. 그는 이를 성장기(0~14

세), 탐색기(15~24세), 확립기(25~44세), 유지기(45~65세), 쇠퇴기(65세 이후)의 5단계로 나누어 설명하였다.

경력을 개인과 조직의 관점에서 통합적으로 접근하면서, 이에 대한 학습을 체계적으로 정리하려는 시도는 Hall(1986, 2002)에 의해 시작되었다. Hall은 경력을 개인의 생애발달과 조직 변화의 관점을 모두 수용하며, 개인의 경력이 일생에 걸쳐 경력학습 소단계들의 반복을 통해 거친다고 주장하였다. 발달론적 관점에서의 경력 개념은 경력을 개인의 생애라는 사적 영역과 개인의 일 공간인 조직이라는 공적 영역을 넘나들며 개인의 생애 동안 구성되는 연속적인 일 경험으로 개념화한다.

제4차 산업혁명 시대에 개인은 노동시장의 급격한 변화에 빠르게 대처할 수 있는 기본 소양을 확고히 다지고, 그 기반 위에서 전문성을 개발해야 할 필요가 있다(정지선, 2017). 미래의 직업교육은 중등과 고등 수준에 초점을 둔 학령기 위주의 직업교육과 특정 직무역량 개발에 초점이 맞춰져 온 직업교육 체제에서 벗어나야 한다. 평생에 걸쳐 진로 경로를 다양하게 열어주어 개개인의 다양한 형태의 성공적인 삶을 지원하는 직업교육훈련 체제와 정책으로 전환되어야 한다(한국직업능력개발원, 2017).

결국 평생직업교육은 특정 직무역량 개발을 위한 직업교육에서 벗어나, 평생에 걸쳐 개인의 진로를 다양하게 열어주어 직업을 통해 성공적인 삶을 영위할 수 있도록 도와주는 교육이다. 이때 직업은 경제적 · 사회적 가치로서의 외재적 가치뿐만 아니라, 일 활동을 통해 자신을 표현하는 내재적 가치를 포함해야 한다.

Ⅵ. 평생직업교육 관련 근거

1. 법령

1) 헌법

국민의 교육에 대한 기본권은 헌법에서 찾을 수 있다. 대한민국 헌법은 제31조 제1항에서 “모든 국민은 능력에 따라 균등하게 교육을 받을 권리를 가진다.”고 명시하여 국민들이 '교육'받을 권리를 규정하고 있다. 또한, 제31조 제5항에서는 "국가는 평생교육을 진흥해야 한다."고 명시함으로써 평생교육에 대한 국가의 책무를 마련하였다(대한민국헌법, 1987).

2) 교육기본법

1998년 제정된 교육기본법은 제3조에서 "모든 국민은 평생에 걸쳐 학습하고, 능력과 적성에 따라 교육받을 권리를 가진다."라고 규정하여 국민의 평생교육에 대한 권리를 보장하고 있다. 동법 제10조는 "국민의 평생교육을 위한 모든 형태의 사회교육은 장려되어야 한다."고 규정하고 있으며, 제11조에서는 "국가 및 지방자치단체는 학교 및 사회교육시설을 설립 · 경영한다."를 통해 지방자치단체가 사회교육시설을 운영할 수 있는 법적 토대를 마련하였다(교육기본법, 1998).

3) 평생교육법

최초의 평생교육에 관한 법적 근거는 1982년 제정된 사회교육법에서 찾아볼 수 있다. 사회교육법 제1조는 "이 법은 모든 국민에게 평생을 통한 사회교육의 기회를 부여하여 국민의 자질을 향상하게 함으로써 국가사회의 발전에 기여함을 목적으로 한다."고 규정하고 있다. 여기서 사회교육이란 "다른 법률에 의한 학교교육을 제외하고 국민의 평생교육을 위한 모든 형태의 조직적인 교육활동"으로 현재의 평생교육의 의미를 담고 있다. 사회교육법은 1999년 법률개정을 통해 '평생교육법'으로 명칭이 변경되었다. 평생교육법은 헌법과 교육기본법에 규정된 평생교육의 진흥에 대한 국가 및 지방자치단체의 책임과 평생교육제도와 그 운영에 관한 기본적인 사항을 정하고 있다(평생교육법, 1999).

4) 평생교육진흥조례

지방자치단체는 평생교육법에 근거하여 평생교육진흥조례를 제정하여 평생직업훈련에 필요한 예산을 지원하고 있다. 광역자치단체별 평생교육진흥조례 주요 내용은 평생교육법에 따른 평생교육진흥계획의 수립, 평생교육 사업의 실시, 평생교육

협의회 설치 및 운영, 평생교육진흥원의 설립 등의 내용이 기본이다. 추가적인 사항으로 광주, 세종은 문자해득교육지원에 대한 내용을 포함하며, 인천, 제주, 세종은 평생학습관 설치에 대한 내용을 담고 있다(평생교육진흥조례, 2007).

〈표 2-3〉 지방자치단체 평생교육진흥조례 내용

지역	용어 정의	시장·도지사 책무	진흥 계획 수립	평생 교육 협의회 설치·운영	평생 교육 진흥 사업 추진	평생교육진흥원 관련			학습자 안전 보험 가입	평생 교육 기관 지도 감독	평생 교육 기관 및 개인 포상	문자 해득 교육 지원	평생 학습관 설치
						진흥원 설치 및 지정	진흥원 업무	진흥원 경비 조달					
서울	○	○	○	○	○	○	–	○	–	○	–	–	–
부산	○	○	○	○	○	○	–	○	○	○	○	–	–
대구	○	○	○	○	○	○	–	○	–	○	○	–	–
대전	–	–	○	○	○	○	–	○	○	–	–	–	–
울산	○	○	○	○	○	○	○	○	○	○	–	–	–
인천	○	○	○	○	○	○	○	○	○	○	○	–	○
광주	○	○	○	○	○	○	○	○	○	○	○	○	–
강원	–	○	○	○	○	○	–	○	○	○	–	–	–
경기	○	○	○	○	○	○	–	○	○	○	○	–	–
경북	○	○	○	○	○	○	○	○	○	○	–	–	–
경남	○	○	○	○	○	○	○	○	○	○	–	–	–
충북	–	–	–	○	○	○	○	○	○	○	–	–	–
충남	○	○	○	○	○	○	○	○	○	○	○	–	–
전북	○	○	○	○	○	○	○	○	○	○	–	–	–
전남	○	○	○	○	○	○	○	○	○	○	○	–	–
제주	–	–	–	○	○	–	–	–	○	–	–	–	○
세종	–	○	–	○	○	○	–	–	–	○	○	○	○

출처: 시 · 도별 평생교육진흥조례 참조(2019년 11월 기준)

2. 평생직업교육 관련 최신 법령

1) 평생교육법 개정(2021)

2021년 평생교육법이 개정되어 평생교육에 대한 국가와 지방자치단체의 책무가 강화되었다. 개정된 법률은 제1조에서 "이 법은 모든 국민이 평생을 통한 학습을 통해 삶의 질을 높이고, 개인의 성장을 도모하며, 국가와 사회의 발전에 기여할 수 있도록 하는 데 목적이 있다."고 명시하고 있다. 제5조에서는 "국가와 지방자치단체는 국민의 평생학습을 지원하기 위해 평생교육진흥정책을 수립 · 시행하여야 한다."고 명시하며, 구체적으로 중앙정부 및 지방자치단체는 평생교육진흥을 위한 구체적인 계획을 수립하고 시행하여야 한다(평생교육법, 2021).

2) 교육기본법 개정(2022)

2022년 교육기본법 개정을 통해 평생교육에 대한 국민의 권리가 더욱 명확히 보장되었다. 개정된 교육기본법은 제3조에서 "모든 국민은 평생에 걸쳐 학습할 권리를 가진다."고 규정하고 있으며, 제10조에서는 "국가 및 지방자치단체는 평생교육을 촉진하기 위해 필요한 제도와 환경을 조성하여야 한다."고 명시하였다. 이를 통해 평생교육에 대한 국가의 책무를 더욱 강화하고 있다(교육기본법, 2022).

3) 평생직업교육진흥법 제정(2023)

2023년에는 평생직업교육진흥법이 제정되어 평생직업교육에 대한 국가 및 지방자치단체의 구체적인 책무와 지원 방안을 규정하고 있다. 이 법은 평생직업교육의 체계적 운영과 관리를 통해 국민의 직업능력을 향상시키고 고용 가능성을 높이며, 직업 전환을 지원하는 것을 목표로 한다. 제2조에서는 "국가와 지방자치단체는 국민의 평생직업교육을 지원하기 위한 정책을 수립하고 이를 시행하여야 한다."고 명시하고 있다. 또한 제5조에서는 "평생직업교육을 위한 재정적 지원을 강화하고, 다양한 직업교육 프로그램을 개발 · 운영하여야 한다."고 규정하고 있다(평생직업교육진흥법, 2023).

3. 제5차 평생교육진흥기본계획(2023~2027) 중 평생직업교육

제5차 평생교육진흥기본계획(2023~2027)은 급변하는 사회경제적 환경 속에서 전 국민의 지속적인 학습과 역량 강화를 지원하기 위한 종합적 전략을 담고 있다. 특히, 평생직업교육은 디지털 대전환과 인구구조의 변화에 대응하여 국민들이 끊임없이 새로운 직업 역량을 개발할 수 있도록 돕는 중요한 분야이다. 해당 부분에서는 제5차 평생교육진흥기본계획 중 평생직업교육의 주요 내용과 추진 전략을 상세히 살펴본다.

1) 평생직업교육의 필요성

디지털 혁신과 인공지능 기술의 발달은 노동시장의 구조를 근본적으로 변화시키고 있다. 전 세계 근로자의 50%가 2025년까지 재교육이 필요할 것으로 예상되며, 이는 기존의 직업교육만으로는 부족함을 의미한다. 이에 따라 평생직업교육이 강조되고 있으며, 이는 단순한 직무 능력 향상을 넘어 국민 모두가 평생학습을 통해 지속적으로 성장할 수 있는 기반을 제공하는 것이다.

2) 주요 추진 전략

• 대학의 평생학습 플랫폼화

대학은 더 이상 학령기 학생만을 위한 교육기관이 아니라, 성인 학습자들을 위한 재교육과 향상교육의 중심지로 기능해야 한다. 이를 위해 대학은 다음과 같은 전략을 추진한다.

– 마이크로디그리와 비학위 과정 운영: 대학은 학위 과정 외에도 단기적인 마이크로디그리와 비학위 과정을 통해 성인 학습자들이 필요에 따라 학습할 수 있도록 한다. 이를 통해 일반 성인들도 학점을 취득하고, 나아가 학위로 연결할 수 있는 기회를 제공한다.
– 신산업 · 신기술 분야 교육 강화: 제4차 산업혁명에 발맞추어 대학은 신산업과 신기술 분야의 재교육 및 향상교육을 적극적으로 담당하며, 이를 위해 관련 제도

를 마련하고 교육과정을 개발한다.

• 지자체-대학-기업 협력체계 구축

지역사회의 평생학습을 촉진하기 위해 지자체가 중심이 되어 지역의 학습 수요를 발굴하고, 이를 대학 및 기업과 연계하여 학습 프로그램을 제공한다. 이 협력체계는 다음과 같은 방식으로 운영된다.

- **지역 평생학습체계 구축**: 지자체는 지역산업과 주민들의 학습 요구를 분석하고, 이를 토대로 대학과 기업과의 협력체계를 구축하여 맞춤형 학습 프로그램을 운영한다.
- **중앙정부와의 협력 강화**: 중앙정부는 지자체가 구성한 협력체계를 지원하고, 지역별 특성에 맞는 평생학습 정책을 추진할 수 있도록 자원을 제공한다. 이를 통해 지역의 정주 여건 개선과 국가 균형 발전을 도모한다.

• 3050 생애도약기 지원

30대에서 50대는 지속적인 교육과 이 · 전직 교육이 가장 활발하게 이루어지는 시기로, 이들을 위한 종합적이고 체계적인 지원이 필요하다.

- **생애도약기 지정 및 지원**: 30~50대 국민을 '생애도약기'로 지정하고, 학습 상담, 학습 시간, 학습 비용, 학습 콘텐츠 등을 종합적으로 지원한다.
- **평생학습 휴가 및 휴직제 도입**: 직장인들이 학습에 참여할 수 있도록 평생학습 휴가 및 휴직제를 도입하여, 시간 부족으로 인한 학습 참여 저해 요인을 해결한다.

• 맞춤형 학습 지원

인공지능(AI)과 디지털 기술을 활용하여 개인별 맞춤형 학습을 지원한다.

- **개인별 학습 진단 및 상담**: AI 기술을 통해 학습자의 필요와 경력에 맞는 맞춤형 학습 진단과 상담을 제공한다. 이를 통해 학습자들이 효율적으로 학습 계획을 수립하고 실행할 수 있도록 돕는다.

- **학습 경험 인정 제도**: 재직 경력 등을 학점이나 학위로 인정하는 국가 학습경험 인정제를 도입하여, 실무 경험과 학습을 연계한다. 예를 들어, 관광 가이드로 근무한 경력을 대학 학점으로 인정받아 편입학할 수 있도록 한다.

• 취약계층 지원 강화

고령층, 장애인, 저소득층, 북한이탈주민, 다문화가정 등 사회적 취약계층을 위한 평생학습 지원을 강화한다.

- **포용적 학습 기회 제공**: 모든 국민이 평등하게 학습 기회를 누릴 수 있도록 다양한 학습 프로그램과 지원 정책을 마련한다.
- **디지털 격차 해소**: 디지털 기술에 대한 접근성을 높이고, 디지털 격차를 해소하기 위한 교육 프로그램을 제공하여 모든 계층이 디지털 시대에 적응할 수 있도록 지원한다.

제5차 평생교육진흥기본계획은 전 국민이 평생 동안 학습할 수 있는 환경을 조성하고, 이를 통해 개인의 역량 강화와 국가 발전을 목표로 한다. 대학의 평생학습 플랫폼화, 지자체-대학-기업 협력체계 구축, 3050 생애도약기 지원, 맞춤형 학습 지원, 취약계층 지원 강화 등 다양한 전략을 통해 평생직업교육을 촉진한다는 점에서 그 의의가 크다. 이러한 노력을 통해 국민 모두가 평생학습을 통해 지속적으로 성장하고, 변화하는 사회환경에 능동적으로 대응할 수 있을 것이다.

〈표 2-4〉 제5차 평생교육진흥기본계획 추진체계도

<table>
<tr><td>비전</td><td colspan="4">누구나 계속 도약할 수 있는 기회,
함께 누리는 평생학습사회</td></tr>
<tr><td>정책 목표</td><td colspan="4">• 전 국민의 삶의 질 향상을 위한 평생학습 진흥
• 국가 – 지자체 – 민간이 함께 건설하는 평생학습사회
• 디지털 기반 맞춤형 평생학습 환경 마련</td></tr>
<tr><td rowspan="2">3대 키워드</td><td>지속가능성</td><td>기회</td><td colspan="2">연계</td></tr>
<tr><td>• 국민의 계속 성장
• 정책의 지속 고도화</td><td>• 실질적인 기회 확대
• 국가 · 지자체 도약의 기회</td><td colspan="2">• 다양한 학습경험 연계
• 국가 – 지자체 – 민간 연계</td></tr>
<tr><td rowspan="6">6대 핵심 과제</td><td>1</td><td colspan="3">평생학습 상시 플랫폼으로서 대학의 역할 확대
"대학을 통해 역량을 계속 향상할 수 있는 학습환경"</td></tr>
<tr><td>2</td><td colspan="3">지자체, 대학, 기업 등이 함께 지역 평생학습 진흥
"지역과 개인이 지속 성장하는 평생학습사회"</td></tr>
<tr><td>3</td><td colspan="3">3050 생애도약을 위한 평생학습 지원
"인생 중반기에 새로운 도약의 기회"</td></tr>
<tr><td>4</td><td colspan="3">사각지대 없는 따뜻한 평생학습사회
"사회 구성원이 다 같이 향유하는 평생학습 기회"</td></tr>
<tr><td>5</td><td colspan="3">다양한 경력, 자격, 학력 등의 연결 강화
"다양한 종류의 학습경험 간 연계"</td></tr>
<tr><td>6</td><td colspan="3">인공지능 등 디지털 기반 맞춤형 평생학습 체제
"AI를 활용한 개인별 맞춤형 평생학습 지원"</td></tr>
<tr><td rowspan="2">뒷받침 과제</td><td>거버넌스</td><td>데이터</td><td colspan="2">재정</td></tr>
<tr><td>범정부 협력 강화</td><td>데이터 기반 정책</td><td colspan="2">안정적 재원 마련</td></tr>
<tr><td rowspan="2">기대 효과</td><td>경제 · 일자리</td><td>행복감 충족</td><td>국민통합</td><td>지역 활력</td></tr>
<tr><td>생산성 제고</td><td>삶의 질 향상</td><td>양극화 해소</td><td>지역 학습활동</td></tr>
</table>

2장

직업교육

현대사회에서 직업은 삶의 기본이 되는 필수적인 요소로 매우 소중한 존재이다. 특히 취업이 어려운 상황에서는 적합한 직업을 얻기 위한 경쟁이 심화되고 있다. 이러한 시기에 주어진 상황을 명확히 이해하고, 목표를 세워 삶을 계획하는 것이 중요하다. 이를 위해 자신의 환경을 고려하고 가치관을 지속적으로 확인하여 내면적 가치와 어울리는 직업을 선택하고 계획하는 작업이 필요하다.

이 장에서는 직업의 개념, 직업소명, 직업선택 과정과 요인, 그리고 직업교육의 필요성과 변화에 대해 심도 있게 논의하고자 한다.

Ⅰ. 직업의 개념

직업은 다양한 의미를 가지고 있다. 직업의 사전적 정의는 1) 관직상의 일, 2) 일상으로 종사하는 업무, 3) 생계를 유지하기 위한 일, 가업, 생업 등으로 정의된다. 또한 직업은 자기 능력에 따라 어느 목적을 위해 전심하는 일로 설명될 수 있다. 영어로는 'vocation'과 'occupation'이 혼용되는데, 'vocation'은 조물주로부터의 소명을 받은 일로, 막스 베버의 표현에 따르면 소명(calling)으로 이해될 수 있다. 반면 'occupation'은 사람이 보수를 받기 위해 정해놓고 종사하는 일로 표현된다.

1. 직업의 역사적 맥락

직업의 개념은 종교적 맥락에서 비롯되었으며, 신성한 사명의식을 포함하고 있다. 그러나 현대사회에서는 직무의 다양화와 전문화로 인해 직업의 개념이 유동적이 되었다. 직업은 인간의 사회생활의 수단으로 생각되는 경향이 늘어나면서 천직의 직업관은 점차 퇴색되고 있다.

2. 학자들의 견해

학자마다 직업에 대한 견해는 다르다. 진로(career)는 직업(vocation)과 같이 사용되기도 하며, 이는 개인이 일생 동안 추구해온 일의 총칭이다. 직업은 생계유지와 사회적 역할 분담, 자아실현을 목표로 한다. 직업이라는 단어는 '직(織)'과 '업(業)'의 합성어로, 관직과 개인의 사회적 역할을 포함하는 의미를 지닌다.

Ⅱ. 직업소명

직업소명은 종교적 · 영적인 관점에서 다루어져 개인의 초월성에 의해 깨닫게 되는 것으로 이해되어 왔다. 그러나 16세기 이후로 소명은 일반적인 직업 장면에도 사용되기 시작하였다. 최근 연구들은 소명을 직업소명, 진로소명 등으로 혼용하며, 일에 대한 목적지향적인 태도로 확장하여 사용하고 있다.

1. 직업소명의 정의

Dik과 Duffy는 직업소명을 자신의 일에 충만함을 느끼고 사회적으로 유의미한 헌신을 이끄는 목적의식으로 규정하였다. Hunter, Dik, Banning은 소명을 삶의 의미와 목적 추구의 관점에서 삶을 이끄는 힘으로 보았다. 직업소명은 개인에게 긍정적이고 바람직한 태도를 부여하여 삶과 일에 의미를 부여하고 만족감을 높인다.

2. 직업소명의 하위분류

Dik과 Duffy는 직업소명의 하위분류로 초월적 부름, 목적 및 의미, 친사회적 동기를 제시하였다. 초월적 부름은 개인이 신이나 운명, 사회 등으로부터 부름을 받았다고 느끼는 것이다. 목적 및 의미는 개인이 직업에서 목적과 의미를 느끼는 것이다. 친사회적 동기는 직업을 통해 타인과 사회에 기여하려는 동기를 말한다.

Ⅲ. 직업선택

직업선택은 개인의 능력, 관심, 결정에 따라 사회의 조직적 과정에 참여하게 되는 것을 의미한다. 직업은 경제적, 사회적, 자아실현적 의미를 함의하고 있으며, 직업선택은 개인뿐만 아니라 사회적으로 중요한 의미를 지닌다.

1. 직업선택의 중요성

원치 않는 직업을 선택하면 일의 효율성과 효과성이 떨어지고, 자아실현에 부정적 영향을 미친다. 따라서 직업선택은 매우 중요한 과제이며, 일정한 기간 동안 준비과정을 거쳐야 한다.

2. 직업선택의 과정

현대사회에서 직업선택은 아동기부터 성인기에 이르기까지 지속되며, 생애주기의 발전과정에서 이루어진다. 직업선택 과정은 탐색 단계, 구체화 단계, 전문화 단계로 나눌 수 있다. 탐색 단계에서는 직업선택의 기회를 알아보고, 구체화 단계에서는 내적 · 외적 요인을 고려하여 결정을 구체화한다. 전문화 단계에서는 결정을 실행하고 세밀한 계획을 세운다.

Ⅳ. 직업선택 과정

직업선택은 다양한 대안을 결정하고 선별하는 과정이다. 이는 직업적응과 직업만족에 중요한 요소로, 직업적 성공과 실패를 결정한다.

1. 직업선택의 요인

직업선택의 요인은 일반 요인과 특수 요인으로 나눌 수 있다. 일반 요인에는 사회계층, 인종, 문화, 나이, 성별 등이 포함되고, 특수 요인에는 적성, 지능, 흥미, 직업명성, 가치, 요구, 자아개념 등이 포함된다. 내적 요인으로는 성별, 체격, 적성, 흥미, 성격, 가치 등이 있고, 외적 요인으로는 작업상황, 직업명성, 경제적 관점 등이 있다.

2. 직업선택의 과정

직업선택의 과정은 자기에 대한 인식, 선택을 위한 준비, 선택 과정, 선택된 내용의 실천으로 진행된다. 직업선택은 자신의 성격과 취향에 맞는 것을 선택하며, 능력과 노동시장 환경을 고려해야 한다.

Ⅴ. 직업교육의 이해

직업교육은 시대와 함께 변화해왔다. 우리나라에서는 산업인력 수요에 부응하는 기능 교육에서 평생직업교육 관점으로 변화되었다. 이는 직업교육이 개인의 소질과 적성, 잠재력을 발휘할 수 있도록 도와주는 일반화된 교육으로 자리매김되었음을 의미한다.

1. 직업교육의 정의

직업교육은 '어떤 직업에 취업하기 위하여 준비하거나 현재의 직무를 유지 개선하기 위한 정규(formal) 또는 비정규(informal)교육'으로 정의된다. 이는 개개인의 적성, 흥미, 능력, 가치관에 맞는 일을 선택하고, 그 일에 필요한 지식, 기능, 태도 등을 개발하기 위한 교육이다.

2. 직업교육의 변화

UNESCO는 직업교육을 Technical & Vocational Education & Training(TVET)로 지칭하며, 빠르게 변화하는 사회에 대응하기 위한 지속적인 역량개발을 강조하였다. 제4차 산업혁명에 맞추어 직업교육도 변화해야 하며, 평생교육 기반의 직업교육 체제로의 전환이 필요하다.

우리나라의 직업교육은 1970년대까지는 실업계 고등학교 중심으로 이루어졌으며, 1980년대와 1990년대에는 기술집약적 산업화에 따른 인력 수급을 위해 실업계 고등학교와 전문대학에서 직업교육이 주축을 이루었다. 2000년대에는 특성화 인력 양성에 초점을 두고, 2010년대에는 국가직무능력(NCS)을 도입하여 이를 기준으로 직업교육을 구성하였다.

3. 직업교육의 미래

미래 직업교육은 제4차 산업혁명에 대응하기 위해 변화해야 한다. 이는 빠르게 변하는 사회에 맞추어 새로운 직업인을 육성하는 데 초점을 맞추고, 평생교육 기반의 직업교육 체제로 전환해야 함을 의미한다.

직업은 현대사회에서 매우 중요한 역할을 한다. 적절한 직업선택과 직업교육은 개인의 자아실현과 사회적 역할을 수행하는 데 필수적이다. 직업소명과 직업선택 과정, 다양한 직업선택 요인들을 이해하고, 변화하는 사회에 맞추어 직업교육을 발전시키는 것이 중요하다. 이를 통해 개인과 사회가 함께 발전할 수 있는 기회를 제공해야 한다.

3장

진로교육

진로교육은 '개인이 자신의 적성과 흥미, 능력을 이해하고 이를 바탕으로 적절한 직업이나 진로를 탐색하고 설계할 수 있도록 돕는 교육과정이다. 이를 통해 학생이나 직장인들이 자신의 삶의 방향을 설정하고 합리적인 의사결정을 내릴 수 있도록 도와주는 일련의 과정'(김봉환 외, 2017; 정철영, 2017)을 의미한다. 진로교육의 정의를 바탕으로 진로교육의 개념적 특징은 목표, 제공 주체, 제공 시기, 방법에 따라 구분할 수 있다(정철영, 2022). 첫째, 진로교육은 본인의 진로를 선택하는 것이다. 이는 단편적으로 선택만을 의미하는 것이 아니고 연속적인 활동으로(Ginzberg et al., 1951; Super, 1973), 스스로 진로를 계획하면서 나아가는 것을 말하며(Reardon et al., 2017), 급속하게 변화하는 시대에 맞춰 끊임없이 발전하는 것이다. 한편 진로교육은 학교, 가정, 사회로, 모든 수준의 학교에서 이루어지는 것뿐만 아니라 우리 주변의 모든 환경을 함께 생각할 수 있다.

진로교육의 유사개념으로서 진로지도와 직업교육이 있고, 진로교육은 이 두 개념을 포괄하는 개념이다. 즉, 진로교육은 가르치고, 지도하고, 도와주는 일련의 과정이라는 점에서 개인의 진로발달을 도와주거나 조력하는 방법을 의미하는 진로지도의 개념을 포괄한다.

직업교육(vocational education)은 '어떤 직업에 취업하기 위하여 준비하거나 현재의 직무를 유지 · 개선하기 위한 형식 또는 비형식 교육'을 의미한다(이무근, 이찬, 2020). 직업교육은 주로 고등학교 수준에서 특정한 직업에 취업할 수 있도록 기능 훈련을 제공한다는 뜻으로 사용되었으며(장석민, 2014), 특수 직종에 필요한 직무능력을 개발하여 취업을 하거나 직무를 유지 · 개선하는 것에 목표를 두었다(이무근, 이찬, 2020).

PART 3

평생직업교육의 실제

PART 3. 평생직업교육의 실제

1장

학교교육 내 평생직업교육

Ⅰ. 진로교육의 기반

우리나라의 진로교육의 전환점은 2010년 '진로교육 종합계획'이 수립된 이후부터라고 할 수 있다. 진로교육 종합계획 수립을 위하여 2009년 6월 3개 부처와 한국직업능력개발원, 한국고용정보원, 한국청소년정책연구원 등 3개 연구기관이 참여하는 TFT가 구성되었으며 7월부터 12월까지 계획 수립을 위한 기초 자료 수집 및 관계부처 의견 수렴을 거쳐 2010년 2월 종합계획이 수립되었다. 또한 2015년 6월 22일 진로교육법이 제정되고, 시행령과 시행규칙이 같은 해 12월 23일 마련됨에 따라 진로교육의 법적 기반이 마련되었다.

'진로교육 종합계획'의 비전은 '모든 청소년이 학교 또는 지역사회에서 개인의 소질과 적성에 맞는 꿈과 미래를 스스로 설계하고 선택하는 것'으로 제시하고 있다. 그 목표는 첫째, 청소년 개인의 소질과 적성 중심의 진로선택을 할 수 있도록 체험위주의 진로교육을 체계적으로 지원, 둘째, 자신과 직업세계에 대한 폭넓은 이해와 탐색을 토대로 교육 · 직업세계에서의 스스로의 진로를 계획하고 이를 실현할 수 있는 여건 조성, 셋째, 교실과 교과서 중심의 피상적인 활동을 넘어 지역사회와 직업세계 안에서의 실질적인 체험을 통해 합리적인 진로선택을 지원, 넷째, 청소년 개개인의 특성과 여건에 따른 체계적이며 맞춤형 진로교육 지원을 강화 등을 제시하고 있다.

Ⅱ. 초 · 중등학교 교육과정 속 평생직업교육

우리나라의 초 · 중등학교 교육과정 속 진로교육은 '진로와 직업'이라는 선택교과 수업, 교과 외 활동인 창의적 체험활동 내 진로활동, 그리고 교육과정 재구성을 통한 교과연계 진로교육 등으로 실시되고 있다. 제도적으로는 진로교육 집중학년 · 학기제, 자유학기 · 학년제 등이 도입되어 한 학기 혹은 한 학년 동안 집중적으로 자신의 진로를 탐색할 수 있는 기회가 제공되고 있다(권효원, 2021). 이러한 한국의 진로교육 정책은 중앙정부로부터 일선 학교로의 하향식(Top-down)으로 전달 · 추진되어 학교 현장에 단기간에 걸쳐 빠른 확산을 이루었지만, 양질의 진로교육 도약을 위한 여러 개선 과제가 여전히 남아 있다(이지연 외, 2017, 2019). 실제로 2020년 기준 '진로와 직업'을 선택과목으로 채택하는 중학교는 전체 78.3%, 고등학교는 47.4%로(서유정 외, 2020), 아직 학교 교육과정 내 '진로와 직업'은 필수 과목으로 자리잡지 못한 실정이다(교육부, 2015; 이지연 외, 2019).

둘째, 우리나라 진로 담당 인력은 2010년 교육부의 '진로진학상담(중등) 교사 충원 및 활용 기본 계획'에 따라 각 학교에 배치되어 있는 진로전담교사라 할 수 있으며, 2020년 4월 기준으로 초등학교, 6,113명(99.9%), 중학교 2,738명(89.0%), 고등학교 2,272명(93.9%)으로 전체 11,123명(95.7%)으로 나타났다(서유정 외, 2020). 과거에 비해 초 · 중등단계 모든 학교당 1명의 진로전담교사가 배치되는 괄목할 만한 양적 성장을 이루었으나 교사 1명당 500명에서 1,500명의 학생을 담당하는 업무량에 비추어 진로전담교사의 수는 현저히 부족하며 그들이 담당하는 직무의 종류와 범위는 여전히 방대한 것으로 확인된다(교육부, 2013; 이지연 외, 2019).

즉, 국내 진로교육 전달방식 현황은 '진로 체험', '창업가정신 함양 교육', 'ICT 활용' 등 세 가지로 구분할 수 있다. 진로체험은 학생들이 자신의 적성에 적합한 진로를 탐색하고 직업세계와 사회에 대한 이해를 넓히는 효과적인 경험학습의 수단으로, 강연 · 대화형, 현장견학형, 현장 직업체험형(실제 직업체험), 직업실무체험형(모의 직업체험), 학과체험형, 진로캠프형 등 여섯 가지 유형(교육부 · 한국직업능력개발원, 2018)으로 제공된다(권효원, 2021).

Ⅲ. 초 · 중등 평생직업교육 프로그램

환경부 온실가스종합정보 센터의 '미니 UN 기후변화협약회의'나 산업통상자원부 한국광물자원공사의 '지질학자가 하는 일' 등이 있다. 민간기관과의 협력을 강화하여 다양한 민간기업의 자발적 진로체험 지원을 유도하기 위해 경제 5단체 협력위원회를 개최하였고, 사회적 기업, 청년 벤처기업 등의 청소년 대상 교육기부 활동과 진로체험활동 연계를 추진하고 있다. 또한 안전하고 믿을 수 있는 체험처 제공을 위하여 진로체험처 안전관리 강화 및 체험기관 멘토에 대한 안전사고 대책도 마련하였다. 또한 진로체험기관의 질 관리를 위해 교육기부 진로체험기관 인증제를 도입하여 지속적으로 양질의 교육기부를 운영하는 기관과 대학생 동아리에 대해 교육기부 인증마크를 부여하고 있다. 진로 및 체험활동과 관련하여 직접적으로 연관성이 있는 분야는 제5차 청소년정책 기본계획(2013, 2017)의 중점 과제 중 '청소년 역량증진 활동 활성화'와 '청소년(청년) 진로체험 및 자립 지원' 등 2개 과제이다.

교육부 및 시도교육청의 진로교육 현황을 살펴보면 교육부는 진로수업과 체험활동, 진로검사, 진로상담을 연계하는 학교 진로교육 프로그램(SCEP; School Career Education Program)을 한국직업능력개발원에 개발을 의뢰해 보급하였고, 운영 매뉴얼과 컨설팅 매뉴얼, 다른 교과수업과 관련해서도 진로교육에 활용할 수 있는 진로교육 수업자료를 보급하였다. 진로체험과 관련된 프로그램은 크게 현장 직업체험과 진로캠프로 나눌 수 있다. 중 · 고등학생의 경우 재학 중 각 1회 이상의 직업체험을 필수로 하도록 하고 있고, 교육청 또는 학교 단위에서 운영하는 진로캠프에 한 번씩 참여하는 프로그램을 시도교육청별로 마련하도록 하고 있다. 직업체험 중에서 직장체험은 체험기관의 발굴이 필수적이라고 할 수 있는데 2015년 11월 기준으로 체험처를 78,993개 확보했으며 163,613개의 진로체험 프로그램을 운영 중에 있다(교육부, 2015). 또한 창의인성교육넷(www.crezone.net)에서는 창의적 체험활동을 위하여 교육부, 시도교육청, 공공기관과 민간 체험활동 프로그램 정보를 제공하고 있다. 또한 교육청 중심으로 지역사회의 진로체험 지원시스템을 운영하여 중앙 단위의 연계 · 협력보다는 지역 단위의 연계 · 협력에 초점을 맞추고 있다. 진로체험지원센터는 자유학기 · 진로체험 지원단의 실무 역할을 담당하고, 자유 학기 · 진로체험 지원단을 교육지원청 단위로 설치하였다.

여성가족부에서 추진하는 진로체험활동 관련 사업은 '청소년 체험활동 지역사회 운영모델', '청소년 진로활동 프로그램 개발 및 보급'과 지속적으로 추진해 왔던 '청소년 어울림마당', '국제 성취포상제', '청소년 국제 교류사업' 등이 있다. 여성가족부의 체험활동 사업 중 지방자치단체와 연계하여 2011년부터 추진된 '청소년 체험활동 지역사회 운영모델'은 지방자치단체와 연계하여 청소년 체험활동을 위한 지원체계를 갖추고, 진로 코디네이터를 활용하여, 청소년들에게 질 높은 체험활동을 제공해 주고 있다. 이 사업을 통해 청소년 체험활동 활성화를 위해 지역사회 자원인 청소년 수련시설과 학교를 연계하였고 한국청소년활동진흥원이 사업의 총괄 · 조정 역할을, 한국 청소년정책연구원이 사업방향에 관한 제안과 함께 시범사업 추진단 및 컨설팅단에 참여하였다. 여성가족부에서는 대구시에서 추진 중인 읍면동 단위 코디네이터 배치 사업을 전국으로 확산시키는 모델을 2017년도 신규 사업으로 추진 중에 있다.

고용노동부의 고용센터에서는 청년층 직업지도프로그램(CAP+), 취업 희망 프로그램, 올라 프로그램, 성취프로그램, 취업캠프 등을 운영하고 있다. 잡스쿨(Job School)은 중 · 고등학생을 대상으로 운영되는 청소년 직업체험 프로그램으로 첫째 날은 진로에 대한 강의를 듣고, 둘째 날은 산업 분야의 직업 현장과 대학의 직업 관련 학과를 방문하는 프로그램이다. 전국 고용센터와 워크넷에서는 직업심리검사를 비롯한 직업진로지원 서비스를 제공하고, 청소년들의 진로교육을 담당하는 교사, 상담원 등의 진로 전문성을 향상할 수 있는 교육을 제공하고 있으며, '한국직업사전', '한국 직업전망', '신생 및 이색 직업', '학과 정보' 등의 직업정보자료를 발간 · 보급하여 직업에 대한 종합적인 정보를 제공하고 있다.

Ⅳ. 중등단계 직업교육 훈련체계

1. 개요

한국의 직업교육훈련체제는 중등단계의 특성화고등학교와 고등단계의 전문대학과 폴리텍대학이라는 두 가지 경로(Two Tracks)로 운영되어 왔다. 노동시장 진출 이후의 성인 근로자를 대상으로는 공공직업훈련기관과 그 외에 다수의 민간훈련기관들이 운영되고 있다. 중등단계의 직업교육은 1960년대 이후 숙련된 기능 인력을 산업 현장에 배출하여, 수출 주도형 경제성장을 이루는 발판을 마련하였으나, 2000년대에 들어서서는 이후 학령 인구 감소와 대학 진학률의 증가 등으로 인해 특성화고 지원자 감소의 위기에 직면해 있다.

전체 고등학교 학생 중 직업계고 학생 수는 약 20%이며, 이는 OECD 평균 45.9%(2014년)와 비교하면 훨씬 작은 비중이다(교육통계서비스; OECD, 2015). 직업계 고등학교의 취업률은 지속적으로 증가하는 추세로, 2017년 직업계 고등학교 취업률은 총 51.1%이다. 직업계고의 학교 유형별로 보면 특성화고 50.7%, 마이스터고 80.4%, 일반고 23.8%이다. 2017년 직업계 고등학교 졸업자의 내학 진학률은 31.8%로 매년 감소 추세이며 특성화고 32.1%, 마이스터고 9.3%, 일반고 52.5%로 나타났다(교육통계 서비스, 2017).

2. 직업계고 산업인력 양성 정책의 변화

1960~1970년대 정부주도적 경제발전 추진 시 노동집약적 경공업 중심의 산업화를 지원하는 기능 기술인력을 양성하기 위하여 실업계 고등학교 확대와 지원정책을 추진하였다. 전체 고등학교 학생 수 중 실업계 고등학교 학생 수 구성비는 1963년 1.3%, 1969년 44.5%, 1980년 45.0%로 1980년에 실업계고 학생 수 비율이 정점을 찍고, 그 이후 1989년 35.9%, 2005년 28.5%, 2010년 23.8%, 2017년 19.0%로 지속적으로 감소해가는 추세이다. OECD 평균 45%와 비교해 보면 한국의 현재 직업계 고등학교 학생 수 비중은 무척 낮음을 알 수 있다(교육통계서비스 각 연도; OECD, 2015). 이것은 우리 사회에 광범위하게 뿌리깊은 학력 위주의 문화와 고숙련인력에 대한 수요가 증가하여 인력양성의 초점이 고등직업교육 수준으로 전환되었기 때문이라고 해석할 수 있다.

2000년대 들어 대학 진학률이 증가하였으나, 인력수급의 불일치 현상이 심화되어 대졸 청년층 실업률 증가가 사회문제로 주목받기 시작하였다. 노동시장 수요에 비해 대졸 학력자가 과잉 공급되는 체제를 보정하기 위해 2008년 정부는 선취업 후 진학 정책을 추진하였다. 직업계 고등학교 직업교육 선진화 정책, 특성화고 직업교육의 내실화, 마이스터 고등학교 신설, 그리고 도제교육 등의 정책들이 추진되었고, 취업률 향상과 진학률 감소 등의 성과가 나타났다.

3. 직업교육의 도전과 과제

마이스터 고등학교와 일부 특성화 고등학교는 양질의 교육 여건과 취업연계 강화로 경쟁력을 갖추고 있으나 상당수의 특성화 고등학교는 교육역량이 미흡한 상황이다. PISA(2015)의 조사 결과, 직업계 고등학교 학생의 수학 기초학력 미달 비율이 한국 15%, 일본 4%, 독일 2%로 한국의 직업교육의 시작점인 직업계 고등학교 직업교육의 경쟁력에 문제점이 드러나고 있다. 단기 목표에 치중한 단순 지식이나 기능 위주의 교육, 누적된 학습 결손 등으로 기초직무능력 등 미래 변화적응에 필요한 능력이 부족한 것이다.

2000년대에 들어서서 저출산 고령화 현상이 급속하게 진전되었고, 저출산으로 인한 학령기 인구 감소가 특성화고 입학생 수 감소에 직접적인 영향을 미칠 것으로 우려된다. 이에 따라 인력수급 전망에 기초한 직업계 고등학교 체제와 교육과정 정책 마련이 요청되고 있으며, 2018년도 이후에는 전국의 많은 특성화고 신입생 미달 문제도 발생하였다. 최근 과학기술의 가속적 발전으로 제4차 산업혁명이라는 큰 변혁기에 진입하여 직업교육체제의 혁신이 요구되고 있다.

또한 현장실무역량 강화를 위한 현장실습 등이 강화 추진되었으나, 노동시장과 교육시장 간의 현장실습에 대한 이해와 공감대 부족으로 프로그램 체계화가 미흡한 상태로 추진되어 부작용도 발생하고 있다. 제도 구축을 위한 면밀한 여건 분석과 심도 있는 연구와 검토가 결여된 채 단기적 · 가시적 성과를 내기에 급급한 행정 추진의 결과로 볼 수 있다. 결국 산학협력, 즉 산업체의 교육적 기능 부족, 소극적 참여에 기인한 바 크다고 볼 수 있다. 여건이 열악한 중소기업이 대부분인 우리의 현실에서 노동시장의 문제가 직업교육에 그대로 반영되는 사례인 것이다. 중소기업의 인식 전환과 교육적 기능 강화를 유도하기 위한 정부의 노력이 필요한 부분이다.

4. 직업교육의 개편

제4차 산업혁명 시대 도래에 따른 직업교육 개혁이 절실해지고 있다. 변화와 불확실성에 대비하여 어떠한 변화에도 유연한 적응력을 갖추기 위한 공통핵심역량과 직업기초역량이 중시되어야 한다. 제3차 산업혁명 시대, 산업화 시대에 구축된 전통적 학과나 전공 체제에서 벗어나 폭넓은 기초역량 강화를 위한 교육과정과 교수 학습 방법의 혁신, 직업 진로교육 내실화 추진 등이 필요한 상황이다. 새로운 교육과정, 교수 학습 방법을 개발하고 전달할 수 있는 전문성 있는 교원 확보 및 역량 개발도 중요한 이슈로 논의되고 있다. 현재 추진되고 있는 직업교육 주요 정책적 개편 방향을 정리하면 아래와 같다.

〈표 3-1〉 직업교육 주요 정책적 개편 방향

정책사업 – 목적	현황, 추진실적 분석	문제점
• 특성화고 졸업자 대입특별전형 마련 – 선취업 후진학	• 4년제 대학 12개교 특별 전형 입학자 수 증가 추세 – 특성화고 취업률 향상, 진학률 감소	• 실제 적용 미흡 • 계속교육체제 미구축 – 고등교육, 이직, 전직 등
• 마이스터고 정책 – 직업교육 선진화	• 직업교육 모델 수립 • 취업률 90% 이상 유지 • 우수학생 유치	• 고비용 제도, 확산 한계 • 계속교육체계 미확립 • 병역으로 인한 경력 단절
• 직업고 학생 비중확대 사업 – 직업고 학생 확대	• 직업고 학생 비중 확대 – 29%로 확대 목표(2021) • 양적 팽창, 질적 성과 미흡	• 기업체의 만족도 저조 • 기초학력 부진 • 경직된 교육과정 운영 • 직업교육 편견 • 학교 간 격차 심화
• 매력적인 직업계고(매직) 육성사업 – 학생들의 관심과 흥미 제고	• 목표: 학생 충원률 100%, 학업중단 학생 수 감소, 직업기초 능력 최저등급 30% 미만 • 150개교 참여(2017~2019)	• 학교 구성원의 자발적 참여, bottom-up 변혁 취지이나 – 교원 중심의 의사결정 – 가치 창출 몰입도 저조 • 예산계획과 활용 효과성 미흡
• 산학일체형 도제학교 운영사업 – 산학연계 강화	• 현장실습 양적 팽창 • 특고 198개교에 도입	• 산학협력 운영체제 열악 • 산업체 인식과 역량 부족

출처: https://kess.kedi.re.kr

직업교육의 개편에 추가하여 최근에는 특성화고의 지원자 감소를 극복하고 유인 효과를 극대화하기 위해 여러 가지 특성화고의 지원정책을 강화하고 있다. 이것은 주로 산업체의 노동시장 수요에 부응하기 위한 특성화고의 교육과정 개편과 특성화고 학생의 재정적 지원 등 두 가지 방향으로 추진되고 있으며, 이에 대한 상세한 내용은 표 〈3-2〉와 같다.

〈표 3-2〉 특성화고 지원정책

정책명	현행('19년)		개선 및 신규 추진사항('20년)
마이스터고 학점제 도입	(신규)		마이스터고 학점제 도입을 위한 교육과정 요소 등을 '20년 고1부터 우선 적용 ('20년 3월, 51개교)
특성화고 혁신 지원	(신규)		직업교육 경쟁력 제고를 위해 특성화고 200개교 지원(1교당 2억원/'20년 3월~)
고교 취업연계 장려금 지원	직업교육을 받고 중소 · 중견기업에 취업한 학생*에게 3백만원 지원 * 직업계고 학생, 일반고 직업위탁교육과정 이수 학생		직업교육을 받고 중소 · 중견기업에 취업한 학생*에게 4백만원 지원('20년 10월~) * 직업계고 학생, 일반고 직업위탁교육과정 이수 학생
직업계고 현장실습 수당 지원	현장실습에 참여하는 학생에게 1회에 한하여 20만원 지원		현장실습에 참여하는 학생에게 실습기간 동안 월 60만원의 수당 지원('20년 3월~)
기업현장교육 지원	현장실습에 참여하는 일부 기업을 대상으로 월 40만원 지원(최대 2개월만 지원)	➡	현장실습에 참여하는 모든 기업에 실습기간 동안 월 평균 50만원 지원('20년 3월~)
중앙취업지원센터 운영	(신규)		고졸 취업을 체계적으로 지원할 '(가칭) 중앙취업지원센터' 신설 · 운영('20년 3월~)

2장

청년기 평생직업교육

Ⅰ. 대학생의 평생직업교육

진로교육법 제2조에 따르면 “진로교육이란 국가 및 지방자치단체 등이 학생에게 자신의 소질과 적성을 바탕으로 직업세계를 이해하고 자신의 진로를 탐색 · 설계할 수 있도록 학교와 지역사회의 협력을 통하여 진로수업, 진로 심리검사, 진로상담, 진로정보 제공, 진로체험, 취업지원 등을 제공하는 활동”으로 규정하고 있다(법제처, 2016). 다만, 이는 초 · 중등교육에 초점을 맞추고 있기 때문에 대학에서 이를 같은 결로 바라보는 것은 결이 맞지 않는다.

우리나라 대학의 초기 이념은 학문과 진리 탐구였지만, 최근 대학교육의 보편화 성격에 따라 취업 희망 학생을 전문직업인으로 양성하여 개인의 직업적 생계유지 및 자아실현을 성취하게 하는 기능이 강화되고 있다(이서복, 1995). 한편 유럽연합의 고등교육 개혁을 위한 볼로냐 프로세스의 행동방침에 고용적합성 향상이 포함되어 있다. 이는 대학 졸업 후 학문이나 연구를 희망하지 않고 취업 시장에서의 진로를 개척하려는 학생들을 위해 대학의 노력이 필요하다는 것을 간접적으로 제시하고 있는 것이다(유성상, 2010). 대학 단계에서의 진로교육은 졸업 후 취업과 밀접하게 연계되어 있기 때문에, 학생들이 자신의 적성을 파악하고 희망하는 직업을 찾는 진로교육뿐만 아니라, 취업 관련 상담 등의 실제적인 취업 지원이 필수적으로 실시되어야 한다. 따라서 대학생의 진로교육은 자기 이해와 진로를 탐색 · 결정하는 것뿐만 아니라 취업 정보 제공 및 취업 지원의 범위를 포괄하여야 한다.

Ⅱ. 대학 평생직업교육 현황

대학의 진로교육은 2000년 초반부터 취업 지원 서비스를 도입하고 지속적으로 확대되고 있다. 진로교육은 취업진로 프로그램과 대학 입학 초에 진행하는 교과로서의 진로교육으로 구분된다. 주로 비교과 활동으로 운영되었지만 최근에는 정규교육과정으로 편성하고 있는 추세이다. 4년제 대학교의 진로교육 프로그램과 진로교육 전담 기구 현황을 진로교과, 진로서비스, 전담기구 및 교직원 인식 등 보다 세분화된 항목을 조사하였다. 진로교과의 경우 학교의 규모와 비례하여 증가하였고, 수강학생의 규모도 적지 않게 나타났다. 진로교과의 60% 이상이 취업 준비 중심의 강좌들로 구성되었고, 진로 중심의 강좌는 30%에 미치지 못해 고등교육에서의 진로교육은 취업으로 치중되어 있었다. 특히, 진로교과는 교양 영역으로 되어 학생별 수강 여부에 대한 차이가 컸으며, 전공 영역에 포함된 경우에도 어학, 취업세미나와 같이 교양 영역과 차이가 없이 교과들이 중복 개설된 경우들이 대부분이었다. 진로교과목 평가는 상대평가가 주로 적용되어 진로교과가 실제적이기보다는 지식의 습득으로만 그치는 면이 있었다. 또한 진로서비스가 진로 교과와 마찬가지로 대부분이 취업 중심으로 치우쳐 운영되고 있는 상태이다. 실제로 진로교육을 담당하는 기구의 명칭을 살펴보면 취업 지원이나 경력개발이 주를 이루고 있어, 진로보다 취업에 보다 중점을 두고 있는 것으로 나타났다.

교육부와 한국직업능력연구원은 진로교육법에 근거하여 2017년부터 대학 진로교육 현황조사를 매년 해오고 있다. 국가 차원의 현황조사가 이뤄지고 있어 진로취업 지원 현황을 객관적으로 파악하고, 진로취업지원 강화를 위해 필요한 대학 내외의 정책 수립 및 실행의 기초자료를 확보하는 데 목적이 있다. 2020년의 대학 진로교육 현황조사를 살펴보면 대학 진로취업지원 교육과정에 있어서 교과목은 창업지도 및 지원 교과목 비율이 45.1%로 크게 나타났고, 취업지도 및 지원 교과목이 32.1%, 진로지도 및 상담 교과목이 14.1%로 진로 관련 교과목은 차이가 컸다. 대학 진로취업지원 프로그램 및 서비스 현황에서는 취업지도 및 지원이 52.4%로 가장 높게 나타났다. 그 다음으로 창업지도 및 지원, 진로지도 및 상담은 각각 17.2%, 16.3%로 나타났다. 교과목 운영과 진로취업지원 프로그램에 있어서 진로는 여전히 낮은 수치를 나타낸다.

대학 진로교육 현황조사에서 주목할 부분은 학생들을 대상으로 한 내용이다. 학과 선택 시 고려요인은 적성이 60.2%로 가장 높았고, 다음으로는 취업이 잘 되는 학과였다. 대학생활 인식에 대해서는 학과 전반에 대한 만족도는 5점 만점에 평균 3.75점, 대학 진로교육 만족도는 3.38점으로 나타났다. 진로선택 시 중요하게 생각하는 것은 좋아하는 것(50.7%), 보수(37.4%), 안정성(37.2%), 능력발휘(31.9%) 순이었다. 졸업 후 진로계획에 대한 응답은 56.1%가 취업, 19.9%가 시험준비, 그리고 12.5%가 대학원 진학을 계획하는 것으로 나타났다. 한편, 지방대학 대학생의 진로문제에 관한 국내 연구 동향을 살펴보는 것은 지방대학생들의 진로교육 및 진로지도를 촉진할 토대를 마련하는 데 의미가 있다. 교육부의 대학진단 평가결과로 인한 대학 서열화는 지역 대학의 문제점이 지방대학생들의 진로문제에 직접적인 요인으로 영향을 미치며 사회진출에의 제약으로 작용하는 것으로 보았다. 연구 결과, 지방대학생의 진로문제에 대한 관심이 지속적으로 증가하고 있으며, 지방대학이 수도권대학에 비해 노동시장과 이동에서 차이를 보이고 있는 것으로 드러났다.

Ⅲ. 비진학 미취업 청년 직업교육

1. NEET의 배경 및 정의

우리나라의 청년 실업률은 〈그림 3-1〉에서처럼 꾸준히 증가하였다. OECD 통계상으로는 2016년 우리나라의 실업률은 10.7%이다. 여전히 OECD 평균인 13%보다는 낮지만 글로벌 금융위기 극복 이후 남부 유럽을 대표하는 프랑스, 그리고 우리나라를 제외하고 대부분의 OECD 국가들의 실업률은 낮아진 사실을 고려하면 우리나라의 청년 실업률이 더 심각한 수준임을 알 수 있다. 특히 2016년 우리나라의 청년 실업률은 미국의 10.4%와 거의 비슷할 정도로 높아졌으며 비교 대상으로 여겨졌던 일본의 5.2%에 비해서 상당히 높은 편이고 독일의 7.1%와 비교해서도 높다. 이전까지 우리나라의 청년 실업률 수준 자체가 OECD 국가들과 비교하여 낮다고 여겨졌지만 이제는 청년 실업률 자체가 낮다고 할 수 없을 정도이다. 청년 실업률의 심각성을 나타내는 척도인 전체 실업률 대 청년 실업률의 비율 역시 2012년도에는

2.6이었으나(남재량 · 김세움, 2012), 2016년 통계에서는 2.8로 상승하였다. 즉, 전체 실업률은 대략 3.8%를 유지하였으나 청년 실업률이 9%에서 10.7%까지 올라갔기에 나타난 현상이다. 청년층의 절대적인 수가 줄어든 것을 감안한다면 상당히 심각한 문제라고 할 수 있다.

〈그림 3-1〉 OECD 주요국의 청년 실업률 추이

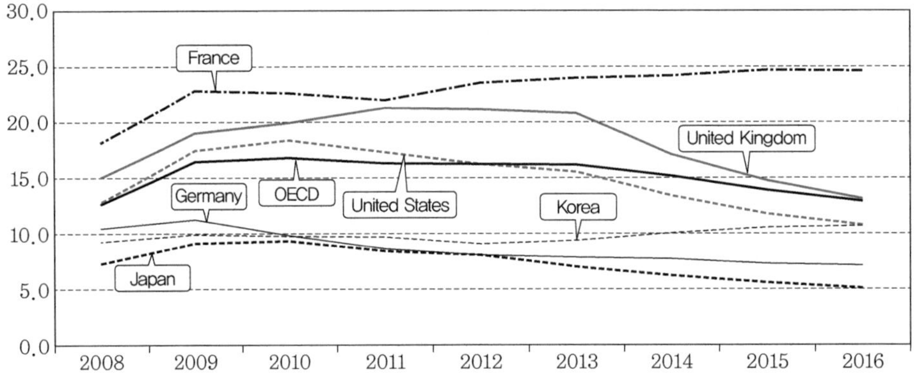

출처: OECD.Stat

〈그림 3-2〉 OECD 주요국의 청년 고용률 추이

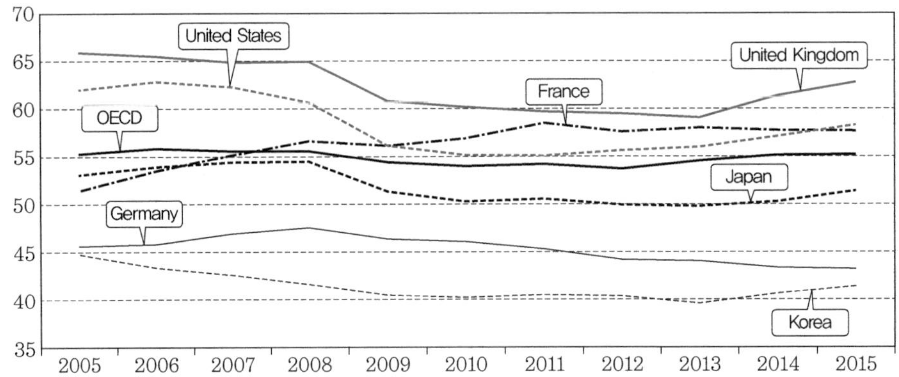

출처: OECD.Stat

청년층의 실업률이 여전히 OECD 평균보다 낮다고 할 수 있지만 고용률은 여전히 40% 초반대로 상당히 낮은 것이 더욱 심각한 문제이다. 〈그림 3-2〉에서 볼 수 있듯이 우리나라의 청년 고용률이 비록 2014년과 2015년에 소폭으로 상승하였지만 OECD의 평균인 51.4%보다 현저히 낮은 상태이고 일본의 55%와 비교했을 때

대략 15%가 낮다. 많은 청년 노동시장 연구들이 지적했듯이 우리나라의 많은 청년들이 취업을 하지 않고 공무원 시험 준비와 같은 긴 시간을 요구하는 취업준비에 매달려 있거나 학업을 마치지 않고 그 과정을 계속 유지하는 데서 나타나는 문제라고 할 수 있다(남재량 · 김세움, 2012; 이로미 등, 2010; 전용일 · 조준모, 2007; 정연순 등, 2008; 채창균 등, 2008). 우리나라 NEET 분석을 OECD 국가들과 비교해 살펴보면, 무엇보다 우리나라의 구성은 20대 NEET 청년층의 비율이 상대적으로 높은 편이고, 특징적으로 대졸 고학력 비율이 상당히 높다. OECD 국가 중 터키(24.5%)를 제외하고 대졸 고학력 NEET 청년층의 비율이 높은 국가는 없다. 무엇보다 OECD에서 청년 NEET를 교육 활동에 참여하지 않는 실업 비경활자로 정의하고 있는데, 우리나라가 회원국 중 4번째로 비경제활동 청년 NEET층의 비율이 상당히 높다는 점도 주목할 필요가 있다.

사실 청년 실업률이 증가한 것은 많은 청년들이 구직하려는 의도를 가진 것이라고 할 수 있으며 예전에 비해서는 청년의 비경제활동인구 비중이 줄어들고 있는 것을 의미한다. 청년 실업률이 증가한 사실에 바탕을 두고 최근 청년 고용률이 증가한 현상을 해석해 보면 우리나라의 청년들이 최근에 좀 더 적극적으로 소모적인 비경제활동을 중지하고 경제활동에 참가하려는 것으로 볼 수 있다. 그럼에도 불구하고 여전히 낮은 고용률은 아직도 많은 젊은이들이 소모적인 비경제활동에 연루되어 있거나 아예 구직활동을 하지 않은 것으로 볼 수 있다. 따라서 국가 경제에 비생산적인 청년의 비노동력화 현상은 여전히 지속되고 있다.

이러한 청년을 지칭하는 것이 바로 NEET이다. NEET란 교육이나 고용, 또는 직업훈련에 참여하고 있지 않는(Neither in Employment nor in Education or Training) 상태를 말한다. 이는 영국 내각부(Cabinet Office) 사회 소외 담당국(Social Exclusion Unit: SEU)에서 발간한 보고서에서 처음으로 정의되었다(Social Exclusion Unit, 1999). 이는 영국의 복지급여제도 변경으로 인하여 16세부터 18세 사이의 청소년 중에서 학교에 다니지 않고 취업도 하지 못한 이가 생기면서 이러한 집단을 포용하기 위하여 만든 개념이었다. 이후 유럽의 각국에서 이 개념을 이용하여 청년층의 비활동성을 측정하면서 광범위하게 사용하게 되었다(이서정, 2015). NEET 지표는 청년의 통계적 실업수치로 설명될 수 없는 청년 비활동성을 측정한다. 특히 일본에서 1990년대 이후 청년층이 취업하려는 의지를 보이지 않는 현상에 대해 NEET 개념을 이용하여 설명

하려고 하였다. 일본의 경우 의욕저하와 무기력증에 휩싸여 일상적인 직업을 가지지 않고 아르바이트를 하는 청년층이 늘어나면서 이러한 집단을 후리타(フリーター)라고 부르기 시작했다. 이후 NEET 개념을 이용하여 영국에서 정의한 NEET와 자국의 후리타를 무업자(無業者)라고 지칭하면서 이에 대한 대책을 강구하기 시작했다(오병돈 등, 2013).

OECD는 국가별 비교를 위하여 표준적인 NEET 정의를 도입하였다(OECD, 2014). 일반적으로 쓰이는 연령, 정규교육 참여 여부, 직업보유 여부, 직업훈련 종사 여부로 NEET 상태를 측정하고 구직 활동성 여부에 따라 활동적 NEET(Active NEET), 비활동적 NEET(Inactive NEET)로 구분하였다. OECD의 정의에 따르면 15~29세의 청년층 중 결혼 여부와 상관없이 정규교육이나 직업훈련을 받지 않으면서 경제활동에 참여하지 않는 사람들이 NEET이다. 그런데 우리나라의 경우 재수생과 같은 입시준비생과 공무원 시험이나 대기업 공채를 준비하는 청년층의 경우 비경제활동인구로 분류하지만 NEET에 포함시키지 않으려고 하고 있다. 남재량(2006) 이후 NEET의 정의에 대해서 많은 논의가 있었으나 여전히 합의되지 않은 상황이며 우리나라의 공식통계상에서도 집계하지 않고 있는 실정이다. 현재까지 우리나라 연구에서 사용된 NEET의 정의는 다음 〈표 3-3〉과 같다.

〈표 3-3〉 청년 NEET 정의

	남재량(2006) 남재량 · 김세움 (2012)	오민홍 (2007)	전용일 · 조준모 (2007)	채창균 등 (2008)	정연순 등 (2008)	한연희(2015)
연령	15-34세	20-29세	15-29세	15-29세	20-29세	23-30세
혼인 상태	기혼 제외	기혼 제외	기혼 포함	기혼 제외	기혼 제외	기혼 제외
경제 활동	실업자 제외	실업자 제외	실업자 포함 무급 가사종사 포함	실업자 제외 무급 가사종사 제외	언급 없음	실업자 포함 무급 가사종사 포함

	남재량(2006) 남재량 · 김세움 (2012)	오민홍 (2007)	전용일 · 조준모 (2007)	채창균 등 (2008)	정연순 등 (2008)	한연희(2015)
교육 훈련	정규교육 미참여 직업훈련 미참여 입시생 및 취업 학원생 제외	정규교육 미참여 직업훈련 미참여	정규교육 미참여 직업훈련 미참여 입시생 제외	정규교육 미참여 직업훈련 미참여	정규교육 미참여 직업훈련 미참여	정규교육 미참여 직업훈련 미참여
기타 비경제 활동	가사육아 제외	언급 없음	언급 없음	가사육아 포함 심신장애자 포함	언급 없음	가사육아 포함 심신장애자 포함

출처: 채창균 등(2008)을 기반으로 재구성

오민홍(2007)은 우리나라의 고등학교 취학비율을 고려하여 10대를 제외하고 있으며, 남재량(2006, 2013)은 우리 청년들이 20대 후반에 취직시점이 시작되고 있는 점을 감안하여 30대를 포함하고 있다. 조준모 등(2007)의 연구에서는 실업자를 포함하고 있으나 이외의 연구에서 실업자를 제외하고 있는 것은 일반적인 NEET의 정의 중 자발적 무업자집단을 의미하는 NEET의 의미가 현 상황에서의 전통적인 실업자의 의미와 다름을 나타낸다고 볼 수 있다.

NEET의 유형

Eurofound(2012)에 따르면, 유럽연합은 청년 NEET의 특성과 관련하여 오래전부터 NEET 통계를 구축하였으며, 그 결과 구직 NEET와 비구직 NEET를 준거로 5가지로 NEET의 유형을 제시하고 있다. 즉, NEET를 ① 전통적인 실업자집단(the conventionally unemployed), ② 가사 및 가족돌봄, 질병이나 장애로 인해 NEET가 된 집단(the unavailable), ③ 능력부족이나 의욕저하, 사회부적응 등을 이유로 NEET가 된 집단(the disengaged), ④ 더 좋은 기회를 얻기 위해 노력 중인 집단(the opportunity-seekers), ⑤ 문화, 예술이나 오락 등 자기만족을 위해서 자발적으로 NEET가 된 집단(he voluntary NEETs)으로 유형화하였다(Eurofound, 2012). 일본은 구직희망 여부에 따라 NEET를 구직형, 비구직형, 비희망 등으로 나누었으며(김기헌, 2005), 이후 우리나라에서도 청년 NEET의 유형에 대한 연구가 시도되고 있다.

금재호, 전용일, 조준모(2007)도 유럽연합과 동일한 준거로 청년 NEET를 구직 NEET와 비구직 NEET를 기준으로 ① 가족노동형(구직 무급 가족종사자+가사노동자), ② 청년 실업(일반적인 실업개념), ③ 함정 NEET그룹(고시, 공시족), ④ 현실회피형 NEET로 구분하였으며, 이로미, 박가열, 정연순(2010)의 연구는 우리나라의 NEET 문제를 진로장애요인으로 인식하고, 질적연구방법을 통해 청년 NEET를 유형화하였다. 이 연구에서는 다양한 학력을 지닌 20대를 중심으로 현재 NEET이거나 NEET 경험이 있는 사람들을 대상으로 심층 인터뷰를 진행하였다. 인터뷰 분석결과를 토대로, 4가지 준거를 가지고 NEET를 내성적 위축형, 꿈꾸는 프리터형, 진로 미숙형, 수험형으로 유형화하였다. 내성적 위축형은 내성적인 성격으로 인해 사회관계를 최소화할 수 있는 일에 종사하고, 노동시장 주변부에 머무른다. 꿈꾸는 프리터형은 규율을 기피하고 자기실현을 할 수 있는 직업을 찾으려는 경향이 있다. 진로 미숙형의 경우 구직 눈높이 불일치가 미취업의 주요 원인이 되는데, 수험형은 고용 안정성을 가장 중요하게 생각하여 취업을 유예하거나 어려워하는 것으로 나타났다. 이 연구는 NEET족을 유형화시킨 것을 바탕으로 맞춤형 정책 대안을 제시하였다.

가장 최근 NEET를 유형화한 국내연구로 주희진과 주효진(2017), 김기헌(2017) 등이 있다. 주희진과 주효진(2017)은 구직활동 여부와 취업의사 여부, 구직활동을 하지 않는 이유의 자발성 여부를 준거로 ① 구직형, ② 기회추구형, ③ 단절형, ④ 포기형 4가지로 유형화하였다. 김기헌(2017)은 유럽연합이 제시한 기준과 국내외 분석결과를 활용하여 NEET 유형을 취업준비형, 진학준비형, 돌봄가사형, 휴식포기형, 질병장애형으로 구분하였다. 취업준비형은 구직활동(실업자)을 하거나 통학을 하지 않은 상태에서 취업준비 중인 집단을 의미하며, 진학준비형은 진학(재수생이나 학교복귀)을 준비 중인 집단을 말한다. 돌봄가사형은 유럽연합의 두 번째 유형 중에서 가사나 가족돌봄 때문에 NEET에 포함된 집단을 의미하며, 휴식포기형은 능력부족이나 의욕저하로 취업을 포기(비구직 이유로 전공이나 경력에 맞는 일자리가 없어서, 원하는 임금수준이나 근로조건에 맞는 일자리가 없어서, 근처에 일자리가 없어서, 기능 · 학력 · 능력이 부족해 등으로 응답한 경우)한 집단을 의미한다. 마지막으로 질병장애형은 지난 1주간 주요활동이 심신장애라고 응답했거나 장애 여부를 묻는 질문(감각기관 장애 여부, 육체적 제약 여부)을 통해 파악하였으며, 이는 유럽연합의 두 번째 유형 중 질병이나 장애로 인해 NEET에 포함된 집단을 의미한다.

상기 제시한 NEET 유형의 준거를 살펴보면 주로 현재 상황에서 구직에 대한 의사가 있는지의 여부로 NEET를 유형화하고 있음을 알 수 있다. 그러나 이들이 NEET에 진입하게 된 배경, 즉 과거의 일 경험 여부와 그로 인해 파생된 개인의 인식이 그들을 현재 NEET로 잔류하게 만든 것은 아닌지 고민해 볼 필요가 있다.

〈표 3-4〉 청년 NEET의 유형

학자	청년 NEET의 유형					준거
금재호 외 (2007)	가족 노동형	청년실업	함정형	현실회피형		구직자 비구직자
이로미 외 (2010)	내성적 위축형	꿈꾸는 프리터형	진로 미숙형	수험형		희망일자리, 구직태도, 미취업 주요원인, 일자리 선택 기준
주희진, 주효진 (2017)	구직형	기회추구형	단절형	포기형		구직활동 여부 취업의사 여부 구질활동을 하지 않는 자발성 여부
김기헌 (2017)	취업 준비형	질병 장애형	돌봄 가사형	휴식 포기형	진학 준비형	–
정연순 (2014)	결핍형	준비형	소진형	대안 활동형		NEET경험유형
일본(2002)	구직형	비구직형	비희망형			구직활동 여부 취업희망 여부
EU(2012)	전통적 실업자	가사 및 가족 돌봄, 질병이나 장애를 가진 NEET	능력부족이나 의욕저하 등으로 인한 NEET	더 좋은 기회를 얻기 위해 노력 중인 NEET	자기만족을 위한 자발적 NEET	구직자 비구직자

출처: 김기헌(2005); Carcillo, Fernandez, Konigs, & Minea(2015); 연구자 재구성.

2. 한국의 NEET 현황

우리나라의 NEET 통계는 한국노동연구원에서 일련의 보고서를 통해 공표하고 있는 상황이다(김종욱, 2017; 남재량, 2011). NEET의 정의는 남재량(2006)과 김세움 · 남재량(2012)을 따르고 있다. 김종욱(2017)은 연령 정의를 바꾸어서 NEET를 '경제활동인구조사에서 학생이 아니고, 취업자도 아니며, 정규교육기관이나 취업을 위한 학원 · 기관에 다니지 않고 있으며, 가사 · 육아를 주로 하지도 않는 배우자가 없는 15~29세 청년'으로 정의하고 있다. 이에 따르면 청년 NEET의 수치는 2008년 이후 계속해서 증가하고 있으며, 2016년 현재 그 규모가 93만 명에 이르고 있다. 청년 NEET는 전체 청년층 인구의 9.9%에 해당한다(표 3-5 참조). 청년 NEET의 수가 청년 실업자의 약 두 배이며 우리나라의 청년 NEET가 상당히 많은 것을 알 수 있다. 특히 OECD의 정의와는 달리 학업 중인 실업자, 가사 · 육아활동에 종사하는 자, 입시 및 취업준비생을 제외하기 때문에 세계 공통적인 기준을 적용한다면 상당히 늘어날 것이라고 예상할 수 있다. OECD 기준으로 계산한 청년 NEET의 비율은 대략 2.5배 높게 나타난다.

〈표 3-5〉 각 연도 우리나라 청년 NEET 현황

단위: 천 명, (%)

	2008	2009	2010	2011	2012	2013	2014	2015	2016
청년 인구수	9,822	9,780	9,705	9,589	9,517	9,548	9,503	9,486	9,427
NEET	762 (7.8)	788 (8.1)	781 (8.1)	785 (8.2)	803 (8.4)	840 (8.8)	814 (8.6)	865 (9.9)	934 (9.9)
구직 NEET	223 (2.3)	246 (2.4)	234 (2.4)	217 (2.3)	224 (2.4)	239 (2.5)	262 (2.8)	282 (3.0)	328 (3.5)
비구직 NEET	539 (5.5)	542 (5.5)	548 (5.6)	568 (5.9)	578 (6.1)	601 (6.3)	552 (5.8)	583 (6.1)	606 (6.4)
OECD 기준 NEET	(18.5)	(19.0)	(19.2)	(18.8)	(18.5)	(18.0)	N/A	N/A	N/A

주: 구직 NEET는 NEET 가운데 구직활동을 하고 있는(구직기간 4주 기준) 개인을 뜻하며 비구직 NEET는 그렇지 않은 NEET를 뜻한다.

출처: 김종욱(2017), 〈표 1〉 및 OECD.Stat을 이용하여 재구성

박미희(2017)의 분석에 따르면 대졸 이상 청년 NEET의 수는 2008년 27만 명(NEET 인구 대비 17.0%)에서 2016년 41만 명(21.1%)으로 크게 증가하였다. 즉, 과거에 비해 고학력 청년 NEET가 늘어났음을 알 수 있다. 한편 OECD와 비교하면, 우리나라는 구직을 위해 적극적으로 활동을 하는 수치가 낮은 편이다. 이런 결과는 공무원시험이나 고시준비를 위해 사설학원 등에서 개인적으로 길게 취업을 준비하는 비율이 높거나 노동시장을 떠나고자 하는 구직 포기자의 비율이 높기 때문이다(채창균 등, 2015). 즉, 우리나라에서 청년 NEET족의 비율을 줄이기 위해서는 NEET 청년들에게 구직 의욕을 고취시키고 적극적으로 노동시장 진입을 위한 노력을 할 수 있도록 해야 할 것이다.

〈그림 3-3〉 학력별 장기 구직 NEET 현황(좌축) 및 대졸 이상 졸업자 실업률(우축)

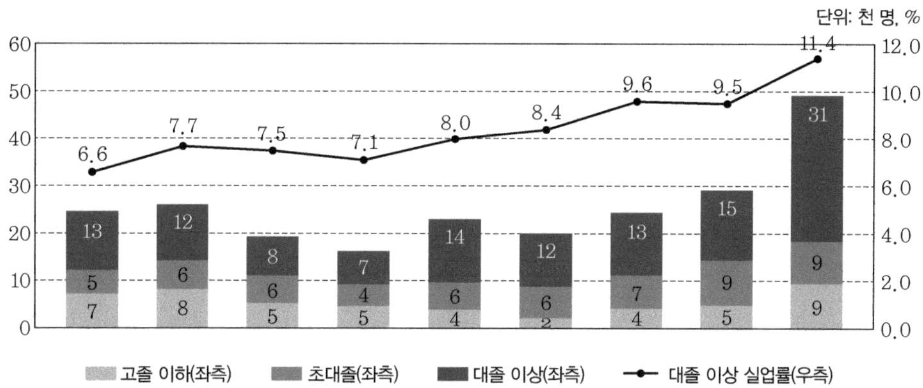

출처: 김종욱(2017), 〈그림 7〉 인용

최근 들어 구직 NEET의 장기화 현상이 나타나고 있다. 〈그림 3-3〉에서 볼 수 있듯이 2008년부터 2015까지 6개월 이상 장기 구직 NEET의 수는 3만 명을 넘어서지 않고 있었다. 그러나 2016년 들어 장기 구직 NEET의 규모는 약 5만 명으로 큰 폭으로 증가했으며 62.4%가 대졸 이상으로 확인되었다. 이와 더불어 대졸 이상 청년층의 실업률이 전년 대비 1.9%p 오른 11.4%를 기록하면서 역대 최고치를 기록하였다. 고학력 청년층의 구직 상황은 급속히 악화되고 있으며 이에 따라 실업자 및 장기 구직 NEET족이 늘어난 것으로 볼 수 있다. 이렇게 고학력층의 장기 구직 NEET의 비율이 증가하면서 고학력 장기 구직 NEET는 필연적으로 고령화되고 30

대에 진입하게 될 것이다. 이에 따라 고학력 · 고령의 NEET족에 대한 관심이 더욱 커질 수밖에 없다.

3. 선진국의 청년 NEET 현황 및 분류

여러 선진국에서 무업자로 분류될 수 있는 집단은 상황이나 나라별로 상이한 행태를 보이지만, 다음과 같은 공통적인 특징도 발견된다: ① 청년무업자 본인의 소득감소, ② 부모세대에 대한 경제적, 사회적 부담가중, ③ 각종 사회문제 발생 가능성 상승, ④ 잠재실업률의 상승, ⑤ 경제성장에 부정적인 영향 등이다(이부형, 2005). 한편 나라마다 청년 NEET를 표현하는 연령대가 다르게 나타난다. 예를 들면, 한국형 NEET는 15~29세 또는 15~24세를 대상으로 하고, 일본형 NEET는 15~34세, 영국형 NEET는 16~18세, 스웨덴은 16~24세로 지칭한다.

먼저 스웨덴에서는 고등교육을 받지 않고 근로 경력이 없는 자는 노동시장 진입이 어려운 노동시장 진입경로를 갖고 있어, 점점 NEET가 늘어나고 있는 한편, 영국은 공교육과 직업훈련의 관계를 통해서 동기를 키우고자 하는 쪽으로 방향을 두고 있어 NEET의 숫자가 점점 줄어들고 있다. 미국에서는 Silver Spoon Syndrome(우리나라에서의 금수저 현상)으로 지칭되는 부류가 NEET의 범주로 구분될 수 있는데, 노동시장 진입에 대한 동기부여가 없고 경제적으로 노동에의 필요성이 없어 30세 이후에도 부모에게 의존하는 경향이 있다. 더불어, 캐나다도 주로 30세 이후에도 부모에게 얹혀사는 이들을 NEET와 유사한 개념으로 분류된다(금재호 등, 2007).

NEET에 대한 연구가 가장 활발한 일본의 경우, NEET를 비행형(중고등학교 중퇴자가 많으며 부모의 경제력이 높지 않고, 반사회적이며 그 순간만을 만족하려 함), 자신상실형(취직을 한 후에도 곧 직장을 그만두며 새로운 직장을 찾는데 망설임), 히키코모리형(은둔형 외톨이로 등교거부를 하거나, 히키코모리를 경험하고, 인간관계 형성에 어려움을 느낌), 자아실현 추구형(대졸자가 많고 구직활동에 있어 만족스러운 직장에 집착함)으로 나누고 있다(강영배, 2005). 일본에서 NEET가 늘어나는 사회적 요인은 경기상황 악화에 따른 노동공급률 부족, 학교-기업 간 공조의 저하, 경기침체에 따른 조직의 노동력 축소, 청년 실업의 증가, 핵가족화에 따른 자립능력결핍이 원인이 되고 있다(김기헌, 2005). 반면, 내재적인 요인으로는, 청소년문화에 소비문화의 침입, 집단의

식의 강조보다는 각 개인의 개성을 중시하는 가정과 교육의 풍토, 자유롭게 일하는 시간을 결정하고자 하는 젊은이의 가치관 변화, 청소년의 적극적 직업탐색 노력 부족 등을 들고 있다(정후식, 2004).

1) 미국

• 직업교육정책 및 고용정책

미국은 취약계층, 즉 NEET 청년들을 대상으로 직업훈련, 고용서비스, 성인교육, 직업재활 등 각종 직업훈련 및 고용 프로그램들을 종합적으로 제공하고 있다. 다시 말해서 핵심과정–집중과정–훈련 등 3단계에 걸쳐 고용 프로그램을 제공하고 있다. 기본과정 1단계는 취업정보 제공 등 기초적인 서비스를 제공하는 것이다. 2단계는 1단계 프로그램 서비스를 지원받았으나 그대로 미취업 상태이거나 노동시장에 진입을 했지만 소득이 적어 여전히 정부보조금이 필요한 실업 청년들 중 더 나은 조건의 일자리를 찾는 청년들에게 진로상담, 인턴십 서비스, 기초직업훈련 등의 서비스를 제공하는 것이다. 3단계는 1, 2단계 서비스를 받았음에도 노동시장 진입이 어려운 청년들을 대상으로 개인훈련계좌(Individual Training Account: ITA)를 통한 훈련 지원을 제공하는 것이다(남재량 등, 2012). 청년들의 계좌에 훈련비용을 일정부분 입금해주고 정부의 지원으로 미취업 청년이 원하는 직업훈련서비스를 수강할 수 있게 한다.

미국의 청년실업 정책들은 청년 NEET에게 종합적인 프로그램을 제공함으로써 실업률 저하 등의 직면한 문제들을 해소하는 데 일부 기여하였다. 그러나 보다 장기적인 시각으로 살펴보자면 행정부의 심각한 재정적자로 인해 경제 전반의 실제적인 문제 해결에는 무리가 있다(권정현, 2012). 한편 이는 도시 빈민가나 교정시설에 있는 청년들을 대상으로 한 지원책이라 일반적인 청년 NEET를 대상으로 하는 정책으로 직접적인 지원이 되기에는 한계가 있다.

2) 영국

• 직업교육정책

영국에서는 90년대 후반 청년 NEET들을 대상으로 청년 뉴딜정책이 시행되었다. 뉴딜 프로그램은 청년들이 직업훈련을 통해 실제적인 노동시장경험을 할 수 있는 서비스를 제공하며 노동시장으로의 실제적인 진입률 향상을 목표로 하는 정책이었다. 그러나 구직수당을 받을 수 있는 청년들에게 지원되는 것으로 조건에 해당하지 않는 청년들은 서비스를 받을 수 없다는 한계가 있었다(김지경 등, 2013). 영국 정부는 청년 NEET들에게 일 경험을 제공하면서 노동시장 진입에 어려운 NEET 청년들에게 장기적이고 총체적인 프로그램을 제공하고자 하였다. 이에 중소기업이나 공기업 현장에서 일을 할 수 있는 경험과 기회를 제공하고 이것이 취업으로 연계될 수 있도록 지원하였다(지은재, 2006).

• 고용정책

영국의 일 경험 강화 정책으로 고용장려금 지원 서비스를 생각해볼 수 있다. 2012년 4월에 시작하여 2015년 4월까지 18~24세를 대상으로 약 50만 명에 대해 혜택을 주는 Youth Contract는 분야별 인턴십 과정 및 견습 활동, 자문 및 기타 지원을 통해 근로 경험의 기회를 제공하는 제도이다. 즉, 교육을 통한 훈련이지만 고용과 훈련이 함께하는 형태이다. 예산은 연간 약 10억 파운드(한화로 약 1조 8천억)에 해당한다. 일 경험 강화 정책은 16~24세의 NEET 청년들에게 교통비 정도의 실비만 제공하면서 노동경험을 할 수 있는 제도도 있다.

한편 영국 NEET의 연령은 16~18세에 해당하는 청소년층이 주 대상이며 학교 교육과 직업교육의 조화로 인해 노동시장 진입이행을 목적으로 하기 때문에 우리나라의 NEET와는 조금 다르다. 이에 본 연구에서는 영국의 미취업 혹은 실업 청년 정책으로 비교 분석하였다. 즉, 영국의 고용정책은 취업 지원을 목표로 하면서 궁극적 목적은 청년 NEET들의 취업을 통한 자립이다. 둘째, 복지적인 관점으로 결합되어 있다. 취업을 위해서는 일상적인 생활이 가능한 정도의 복지 등이 우선되므로 복지적인 서비스도 함께 통합적으로 지원하고 있는 것이다. 더불어 기본 능력 향상을 위한 직업훈련과 근로 등을 통해 일 경험을 제공하고 실제적인 직업능력을 강화하는 것을 목표로 한다. 다시 말해서 노동시장 진입을 위해 이전에 근로 가능한(workable) 수준으로 대상자를 끌어올려야 하기에 종합적 프로그램을 제공하는 것이다.

3) 독일

경기침체가 장기간 지속되었던 독일의 청년 실업률 증가는 다른 나라에 비해 상대적으로 높은 임금이 우선 문제라 볼 수 있다. 통일 후 동독과 서독의 소득 평준화를 위하여 동독의 임금수준을 서독의 수준까지 인상함으로써 고임금 고용형태를 갖게 되었다(장석인, 2010). 이와 함께 청년실업에도 영향을 주게 되었고 물론 영국이나 일본과는 다른 경험의 NEET이지만 NEET인 청년도 늘어나게 되었다.

• 직업교육정책

독일은 우선 청년 NEET의 고용촉진사업으로서 일자리 제공 기업에게 임금보조금을 지급하고, 청년들의 재취업노동시장의 고용촉진을 위한 고용창출사업(Job Creation Schemes, ABM, SAM)을 실시하였다(장석인, 2010). 직업훈련을 통한 교육서비스는 중소기업이나 공기업과 함께하는 교육과 혹은 특성화된 직업학교에서의 이론 교육이 혼합된 듀얼 시스템을 채택하고 있다(김지경 등, 2013). 직업교육은 교육프로그램의 유형에 따라 이루어진다. 독일에서는 1960년대 직업훈련법이 승인된 이후 직업교육 훈련을 위해 노동조합과 기업 사이의 균형 있는 직업훈련기준이 만들어졌다. 듀얼시스템은 국가와 기업이 책임을 분담하는 민관 파트너십이 기본이다. 교육의 약 1/3이 이루어지는 학교에서 교육에 대한 책임은 정부가 함께하며, 나머지 2/3는 기업의 교육비용과 책임은 기업이 맡게 된다. 더불어 기술 습득과 사회성, 인간관계 능력 등을 강조하는 것은 다른 선진국들의 일반적인 청년 실업 혹은 여타의 일반적인 실업 정책의 직업교육과 차별화된다.

• 고용정책

청년 NEET의 총 실업률을 낮추기 위해 독일은 적극적인 노동시장정책(Active Labor Market Policy)이 개발되어 청년 NEET 및 미취업자를 위한 JUMP(Jugend mit Perspective) 프로그램 정책이 수립되었다. JUMP 프로그램은 다양한 직업능력 자격증 취득과 함께하는 직업능력 훈련 사업으로 도제기술을 희망한 청년실업자 지원이나 도제준비훈련과 기술교육을 제공하는 것이다. 또한 고용촉진사업으로 청년의 초기노동시장 진입과 관련해서 임금 지원제를 실시하고, 청년들의 재취업 노동시장 촉진을 위한 사업을 하는 것이다. 다음으로 독일의 NEET 진입 가능성이 높은 장애인 청년 및 직업기술능력이 제한적인 청년을 위한 사업을 진행한다. 독일의 적극적인 고용정책과 듀얼시스템 등을 통해 다른 선진국에 비해 청년 NEET의 숫자는 낮은 수준이다.

4) 일본

• 직업교육정책

일본은 청년 NEET에 대한 체계적이고 총체적 조사와 체계적 정책을 바탕으로 일본의 '듀얼시스템'이라 불리는 직업훈련서비스를 통해 청년 NEET를 취업으로 연결하기 위해 노력하고 있다. 이는 일 학습 병행 제도이다. 이 서비스를 받을 수 있는 대상은 35세까지의 구직활동을 계속하고 있지만, 안정적인 일자리를 얻지 못한 청년 NEET들이다. 청년 NEET를 수용하는 기업에는 훈련에 드는 비용(수강료)과 임금을 부담한 사업주에 대해 일정 수준의 지원금을 제공하고 있다. 한편 일본에서는 청년 NEET의 문제점을 미리 파악하고 진로교육과 직업교육, 인턴십, 청년 자립학교 등을 통해 직접적인 노동시장 진입을 위한 도움을 주고 있다(강영배 등, 2007). 함께 청년 NEET에 집중하여 지원하고자 하는 목적으로 청년서포트 스테이션을 설립하고 민간위탁의 시스템으로 위탁기관의 특성에 따라 다양한 프로그램을 운영하고 있다(김지경 등, 2013).

• 고용정책

일본은 2003년 6월 '청년 자립 도전 계획'을 통해 청년 NEET에 대한 전체적이며 통합적인 정책을 제시하였는데, 주목적은 일하고자 하는 의욕이 없는 청년 NEET들의 직업적 자립을 지원하는 데 있다(노경란 등, 2010). 보다 구체적으로 살펴보자면 진로교육 · 직업교육의 촉진, 일본만의 직업훈련제도 듀얼시스템 구축, 인턴십 프로그램 증대, 청년 자립학교, JOB카페를 통한 정보제공, 취직기회 확대 등이다. 좀 더 세부적으로 살펴보면, 일본의 청년 NEET를 위한 트라이얼제도는 고용부에서 소개를 받은 기업이 청년 NEET에 해당하는 청년들에게 일정기간(원칙적으로는 3개월) 동안 우선적으로 고용하는 제도이다(김지경 등, 2013). 그 기간 중에는 채용한 기업에 일정 장려금이 지급된다. 그 얼마간의 기간이 지나고 기업과 청년 NEET에 해당하는 청년이 서로 간 합의되면 본채용으로 진행되기도 한다. 또한 졸업 후 3년 동안 취업을 못하고 미취업에 머물러 있는 청년 NEET들에 대한 채용장려금 제도도 있다. 이는 학교나 공공직업훈련 시설, 직업훈련종합대학교를 수료한 청년들의 노동시장 진입 기회 확대를 위한 제도로써 기업에서 채용 후 얼마간 이들을 정착시킨 사업주에 대해 지원금을 제공하는 것이다. 이는 NEET에 해당하는 청년으로서 동일 사업장에서 고용된 적이 없는 자를 대상으로 한다.

4) 한국

• 직업교육정책

우리나라의 청년 NEET를 위한 직업교육정책은, 상담부터 취업알선까지 제공하는 종합서비스이다. 그러나 서비스를 받아야 하는 대상인 청년 NEET의 모집이 어렵고, 이 서비스 정책은 청년 NEET 본인이 스스로 고용센터를 찾아 신청하는 정책이다. 현실적으로는 청년 NEET의 고용센터에 대한 인지도나 인식이 낮은 편이고, 무엇보다 청년 NEET는 자발성이나 무엇을 적극적으로 하고자 하는 의욕이 떨어지기 때문에 스스로 적극적으로 고용센터를 찾는 것이 어렵다(정연순 등, 2013). 특히 우리나라의 고용센터 사업 방식이나 상황상 청년 NEET에 대한 적극적 발굴과 모집은 어렵다.

• 고용정책

청년층의 경우 노동시장 진입경험이 없어 고용보험 혜택의 경험도 없고, 실업급여 수급의 자격도 없다. 노동시장의 진입이 어려우면 직장에서의 노동경험을 가질 수 없어 지속적인 실업계층으로 전락할 가능성이 있어 적극적인 지원으로 노동시장 진입 기간을 줄여줄 수 있어야 한다. 우리나라의 청년층 고용지원대책은 2003년에 처음 발표되었다. 1998년 IMF 이후 청년실업의 증가로 노동시장 진입에 어려움을 겪는 청년층 지원을 위해 마련된 것이다(정연순 등, 2013). 이는 청년들에게 노동시장 진입기회를 제공하고 일하고자 하는 마음이 있는 비경활층의 비율을 줄이면서 종합적인 고용서비스를 제공함으로써 청년 NEET의 노동시장 진입을 촉진하는 데에 중점을 두었다. 그러나 이후에도 청년 NEET의 문제가 해결되지 않아 근본적인 원인을 정확하게 알아내지 못하고 정책을 제안한 것에 대한 우려가 있다(채창균 등 2015).

NEET의 현상은 청년층의 단편적인 문제점을 나타내기보다는 오늘날 청년층의 실업 문제 등에서 일어난 사회 · 경제 현상이다. 학교나 사회 양쪽 모두에 소속되지 못하고, 근로 없이 여타의 구직활동이나 학업을 해나가지 못하는 청년 NEET는 사회적으로도 큰 손실이다. 이에 주요 선진국들은 청년 NEET의 증가와 같은 청년실업에 대한 환경변화에 대응하고 국가 경쟁력을 강화하기 위해 체계적인 해결책 및 장기발전방안을 수립하여 시행하고 있다. 위에서 살펴본 선진국의 청년 NEET나 취업취약 청년들에게 제공되는 정책들은 고용 정책을 넘어서 심리 정서적 지원과 결합하여 종합적 자립 지원 정책을 추진하고 있다. 직업교육의 진행이 학교와 고용센터에 집중되어 있는 우리나라와는 달리 각국에서는 공공기관보다는 민간이 가진 다양한 특성과 이력을 활용한다. 위 선진국들에서는 이미 90년대 초반에서부터 청년 실업 문제를 위한 다양한 대책이 적극적으로 제시되었으며, 이제 어느 정도 성과를 거두었다고 할 수 있다. 특히, 영국, 독일, 미국 등은 대표적인 사례로 꼽힌다. 이러한 선진국의 경험에서 정책적 시사점들을 한국의 실정을 고려하여 살펴보면 우리나라 상황에 맞는 적합한 청년 NEET 해결책을 수립할 수 있을 것이다.

3장

조직 내 인적자원개발을 통한 직업교육 프로그램

조직 내 인적자원개발(HRD: Human Resource Development)은 현대 기업 경영에서 필수적인 요소이다. 급변하는 경제 환경과 기술 발전 속에서 조직은 지속적인 경쟁력을 유지하기 위해 인재의 능력 개발과 역량 강화를 도모해야 한다. 이를 위해 직업교육 프로그램은 중요한 역할을 한다. 본 보고서에서는 조직 내 인적자원개발을 통한 직업교육 프로그램의 개념, 중요성, 구성 요소 및 예시를 제시하고, 효과적인 프로그램 운영 방안을 설명하고자 한다.

Ⅰ. 인적자원개발의 개념과 중요성

인적자원개발은 조직의 목표 달성을 위해 구성원의 지식, 기술, 태도 등을 체계적으로 개발하는 과정을 의미한다. 이는 개인의 성장과 조직의 성과 향상에 기여하며, 지속적인 학습과 성장을 통해 조직의 유연성과 적응력을 높인다.

1. 개념

인적자원개발은 교육훈련, 경력 개발, 성과 평가 등을 포함하는 포괄적인 개념으로, 조직 구성원의 능력 향상과 직무 만족도를 높이는 것을 목표로 한다.

2. 중요성

• 경쟁력 강화: 숙련된 인재는 조직의 경쟁력을 높이는 핵심 요소이다.

• 직무 만족도 향상: 체계적인 교육과 경력 개발은 직원의 직무 만족도를 높여 이직률을 낮춘다.
• 조직 유연성 증대: 지속적인 학습과 역량 강화는 조직이 변화하는 환경에 빠르게 적응할 수 있도록 한다.

Ⅱ. 직업교육 프로그램의 구성 요소

효과적인 직업교육 프로그램은 다음과 같은 구성 요소를 포함한다.

• 목표 설정: 교육의 목적과 목표를 명확히 설정하여 프로그램의 방향성을 제시한다.
• 교육 내용: 직무와 관련된 실질적인 지식과 기술을 포함한다.
최신 기술과 산업 동향을 반영한 내용을 구성한다.
• 교육 방법: 이론 교육과 실습을 병행하여 실무 적용성을 높인다.
온 · 오프라인 교육을 혼합하여 유연한 학습 환경을 제공한다.
• 평가 및 피드백: 교육 후 평가를 통해 학습 성과를 측정하고, 피드백을 제공하여 개선점을 도출한다.
• 지속적인 개발: 교육 프로그램의 효과를 지속적으로 모니터링하고, 필요에 따라 개선과 업데이트를 실시한다.

Ⅲ. 조직 내 인적자원개발을 통한 직업교육 프로그램 예시

1. 사례 1: 구글의 'Googler-to-Googler' 프로그램

구글의 Googler-to-Googler 프로그램(G2G 프로그램)은 구글 직원들 사이에서 지식과 경험을 공유하는 내부 교육 프로그램이다. 이 프로그램은 구글 직원들이 주도적으로 참여하고 운영하는 형식으로, 구글의 창의적이고 협력적인 문화를 증진시키는 데 큰 역할을 한다.

G2G 프로그램은 직원들, 즉 Googler들이 자신들의 전문 분야나 관심 분야에서 강의를 열고, 동료들에게 지식을 전달하는 방식으로 진행된다. 이 과정에서 직원들은 강사와 학생의 역할을 번갈아 가며 수행할 수 있다. 이를 통해 특정 기술이나 도메인 지식을 습득하고, 동시에 다른 동료들과 네트워크를 형성할 수 있다.

프로그램의 주요 목적은 다음과 같다. 첫째, 빠르게 변화하는 기술 환경에서 최신 지식과 기술을 효과적으로 공유하는 것이다. 구글은 기술의 최전선에서 일하는 기업인 만큼, 신기술과 도구에 대한 이해가 중요하다. 이를 위해 G2G 프로그램은 관련 분야의 전문가들이 최신 정보를 동료들에게 전달하는 기회를 제공한다.

둘째, 구글의 협력 문화를 강화하는 것이다. G2G 프로그램은 다양한 부서와 직급의 직원들이 상호작용할 수 있는 장을 마련한다. 이를 통해 부서 간 장벽을 허물고 협업을 촉진하며, 조직 전체의 시너지를 높일 수 있다. 또한 직원들은 강의 준비와 발표 과정을 통해 자신의 커뮤니케이션 능력과 리더십을 향상시킬 수 있다.

셋째, 직원들의 개인적 성장과 직무 만족도를 높이는 것이다. G2G 프로그램에 참여함으로써 직원들은 자신의 전문성을 인정받고, 새로운 지식을 습득하는 기회를 갖는다. 이는 직무 만족도와 회사에 대한 충성도를 높이는 데 기여한다.

G2G 프로그램은 다양한 형식으로 진행된다. 정기적인 강의나 워크숍뿐만 아니라, 일대일 멘토링, 스터디 그룹, 해커톤 등의 형태로도 운영된다. 이를 통해 다양한 학습 스타일과 요구에 부응할 수 있다. 또한 구글은 G2G 프로그램을 지원하기 위해 전문적인 강의실과 교육자료를 제공하며, 강사들에게는 별도의 인센티브를 부여하기도 한다.

결론적으로, 구글의 Googler-to-Googler 프로그램은 직원들의 지식 공유와 협력을 촉진하고, 구글의 혁신적이고 창의적인 문화를 유지하는 데 중요한 역할을 한다. 이 프로그램을 통해 구글은 빠르게 변화하는 기술 환경에 적응하고, 직원들의 성장을 지원하며, 전반적인 조직 역량을 강화할 수 있다.

1) 프로그램 구성

- **자발적 참여:** 직원들이 자발적으로 참여하여 강사와 학습자로 활동한다.
- **다양한 교육 내용:** 기술 교육, 리더십 개발, 프로젝트 관리 등 다양한 주제를 포함한다.

2) 교육 방법

- 워크숍과 세미나: 짧은 시간 동안 집중적으로 교육을 실시한다.
- 온라인 플랫폼: 구글의 내부 플랫폼을 활용하여 자료를 공유하고, 온라인 학습을 지원한다.

3) 성과와 효과

- 지식 공유 촉진: 직원들 간의 지식과 경험이 공유되어 조직 전반의 역량이 강화된다.
- 직무 만족도 향상: 자발적 참여와 상호 학습을 통해 직원들의 직무 만족도가 높아진다.

2. 사례 2: IBM의 'Think Academy'

IBM의 Think Academy 프로그램은 IBM이 내부적으로 운영하는 교육 및 지식 공유 플랫폼으로, 직원들의 전문성을 강화하고 혁신적인 사고를 촉진하기 위해 설계되었다. 이 프로그램은 다양한 학습 자료와 강의를 통해 직원들이 최신 기술 트렌드와 비즈니스 전략에 대한 깊이 있는 이해를 갖출 수 있도록 돕는다.

Think Academy 프로그램의 주요 목적은 다음과 같다. 첫째, 직원들의 지속적인 학습과 성장을 지원하는 것이다. IBM은 빠르게 변화하는 기술 환경에서 경쟁력을 유지하기 위해 직원들이 최신 지식과 기술을 습득할 수 있도록 다양한 교육 기회를 제공한다. 이를 통해 직원들은 자신들의 역량을 향상시키고, 회사의 목표 달성에 기여할 수 있다.

둘째, 혁신적인 사고를 촉진하는 것이다. Think Academy는 직원들이 새로운 아이디어와 접근 방식을 탐색할 수 있는 기회를 제공한다. 이는 IBM이 혁신적인 솔루션을 개발하고, 시장에서 선도적인 위치를 유지하는 데 중요한 역할을 한다. 프로그램을 통해 직원들은 다양한 관점에서 문제를 해결하는 능력을 기를 수 있다.

셋째, 협업과 네트워킹을 강화하는 것이다. Think Academy는 직원들이 서로의 지식과 경험을 공유할 수 있는 플랫폼을 제공한다. 이를 통해 부서 간 협력이 촉진되고, 조직 전체의 시너지가 극대화된다. 또한 직원들은 글로벌 네트워크를 통해 다양한 지역의 동료들과 교류하며, 글로벌 비즈니스 환경에 대한 이해를 넓힐 수 있다.

Think Academy 프로그램은 다양한 학습 형식을 제공한다. 온라인 강의, 웹 세미나, 인터랙티브 코스 등 다양한 형태의 교육 자료를 통해 직원들이 자신의 학습 스타일에 맞는 교육을 받을 수 있다. 또한 프로그램은 최신 기술과 비즈니스 트렌드에 대한 심도 있는 분석과 사례 연구를 포함하여 실무에 바로 적용할 수 있는 지식을 제공한다.

IBM은 Think Academy 프로그램의 효과를 극대화하기 위해 다양한 지원을 제공한다. 전문 강사진과 고품질의 교육 콘텐츠, 최신 교육 기술을 활용하여 직원들이 최상의 학습 경험을 할 수 있도록 한다. 또한 프로그램의 성과를 지속적으로 평가하고 개선하여, 직원들의 학습 필요에 적합한 교육을 제공하고자 노력하고 있다.

결론적으로, IBM의 Think Academy 프로그램은 직원들의 전문성을 강화하고, 혁신적 사고를 촉진하며, 협업을 증진하는 데 중요한 역할을 한다. 이 프로그램을 통해 IBM은 빠르게 변화하는 기술 환경에 적응하고, 직원들의 지속적인 성장을 지원하며, 글로벌 시장에서 경쟁력을 유지할 수 있다.

1) 프로그램 구성

- **모듈식 교육과정:** 다양한 주제를 모듈 형태로 구성하여 직원들이 필요에 따라 학습할 수 있도록 한다.
- **업데이트된 콘텐츠:** 최신 기술 동향과 비즈니스 전략에 대한 최신 정보를 제공한다.

2) 교육 방법

- **온라인 학습:** 언제 어디서나 접근 가능한 온라인 플랫폼을 통해 학습을 지원한다.
- **인터랙티브 학습:** 퀴즈, 토론 포럼, 실습 과제를 통해 학습의 몰입도를 높인다.

3) 성과와 효과

- **지속적 학습 환경 조성:** 온라인 플랫폼을 통해 직원들이 지속적으로 학습할 수 있는 환경을 제공한다.
- **직원 역량 강화:** 최신 기술과 전략에 대한 교육을 통해 직원들의 역량을 강화하고, 혁신을 촉진한다.

3. 사례 3: 아마존의 'Career Choice' 프로그램

아마존의 Career Choice 프로그램은 아마존이 직원들의 경력 개발을 지원하기 위해 설계한 혁신적인 교육 프로그램이다. 이 프로그램은 직원들이 미래의 직업 목표를 달성할 수 있도록 다양한 교육 기회를 제공하며, 아마존의 비즈니스뿐만 아니라 개인의 커리어 성장에도 기여하는 것을 목표로 한다.

Career Choice 프로그램의 주요 목적은 다음과 같다. 첫째, 직원들의 경력 개발을 지원하는 것이다. 아마존은 직원들이 장기적인 직업 목표를 설정하고 이를 달성하기 위해 필요한 기술과 지식을 습득할 수 있도록 돕는다. 프로그램은 정보기술(IT), 헬스케어, 기계 공학 등 다양한 분야에서 교육과정을 제공하여, 직원들이 자신이 원하는 분야에서 전문성을 키울 수 있도록 한다.

둘째, 직원들의 직무 만족도와 회사에 대한 충성도를 높이는 것이다. Career Choice 프로그램을 통해 직원들은 회사가 자신의 미래에 투자하고 있다는 느낌을 받는다. 이는 직원들의 직무 만족도를 높이고, 회사에 대한 충성도를 강화하는 데 기여한다. 아마존은 직원들이 회사 내에서뿐만 아니라 다른 산업에서도 성공할 수 있도록 지원함으로써, 보다 폭넓은 직무 만족도를 추구한다.

셋째, 지역사회에 긍정적인 영향을 미치는 것이다. 아마존은 Career Choice 프로그램을 통해 지역사회의 경제발전에도 기여하고자 한다. 직원들이 새로운 기술과 자격증을 취득하면, 지역사회에서 더 많은 기회를 창출할 수 있다. 이는 아마존이 단순한 고용주를 넘어 지역사회의 발전에 기여하는 기업으로 자리매김하는 데 중요한 역할을 한다.

Career Choice 프로그램은 다양한 형식으로 진행된다. 아마존은 학비의 95%를 선불로 지원하며, 연간 최대 $5,250까지 제공한다. 프로그램은 정규 학위 과정뿐만 아니라 직업 훈련, 자격증 과정 등 다양한 교육 옵션을 포함하고 있다. 이를 통해 직원들은 자신의 학습 스타일과 목표에 맞는 교육을 선택할 수 있다. 또한 아마존은 프로그램 참여를 위해 유연한 근무 시간을 제공하여, 직원들이 일과 학습을 병행할 수 있도록 지원한다.

아마존은 Career Choice 프로그램의 성공을 위해 여러 교육기관과 협력하고 있다. 이를 통해 직원들은 고품질의 교육을 받을 수 있으며, 최신 기술과 산업 트렌드에 대한 지식을 습득할 수 있다. 또한, 아마존은 프로그램의 성과를 지속적으로 모니터링하고, 직원들의 피드백을 반영하여 프로그램을 개선하고 있다.

결론적으로, 아마존의 Career Choice 프로그램은 직원들의 경력 개발을 지원하고, 직무 만족도와 회사에 대한 충성도를 높이며, 지역사회에 긍정적인 영향을 미치는 데 중요한 역할을 한다. 이 프로그램을 통해 아마존은 직원들의 미래를 위한 투자를 아끼지 않으며, 지속 가능한 성장과 발전을 도모하고 있다.

1) 프로그램 구성

- **교육비 지원**: 직원들이 다양한 직업교육과정에 등록할 수 있도록 교육비를 지원한다.
- **협력 교육기관**: 여러 교육기관과 협력하여 다양한 교육과정을 제공한다.

2) 교육 방법

- **오프라인 교육**: 교육기관에서 제공하는 오프라인 교육과정을 통해 실습 중심의 교육을 제공한다.
- **온라인 교육**: 직무와 관련된 온라인 교육과정을 통해 유연한 학습을 지원한다.

3) 성과와 효과

- **직무 전환 지원**: 새로운 직업을 준비하는 직원들에게 실질적인 도움을 제공하여

직무 전환을 지원한다.

- **직무 만족도 향상**: 다양한 교육 기회를 통해 직원들의 직무 만족도와 조직에 대한 충성도를 높인다.

Ⅳ. 효과적인 직업교육 프로그램 운영 방안

효과적인 직업교육 프로그램을 운영하기 위해서는 다음과 같은 방안이 필요하다.

- **필요성 분석**: 조직과 구성원의 교육 필요성을 철저히 분석하여 맞춤형 교육 프로그램을 설계한다.
- **리더십의 지원**: 경영진의 적극적인 지원과 참여를 통해 교육 프로그램의 중요성을 강조하고, 조직 전체의 참여를 유도한다.
- **평가와 피드백 시스템 구축**: 교육 후 평가와 피드백을 통해 프로그램의 효과를 측정하고, 지속적으로 개선한다.
- **지속적인 업데이트**: 최신 기술과 산업 동향을 반영하여 교육 내용을 지속적으로 업데이트하고, 프로그램의 현행성을 유지한다.
- **내부 강사 육성**: 조직 내 전문가를 발굴하고 육성하여 내부 강사로 활용함으로써 교육 비용을 절감하고, 조직 내 지식 공유를 촉진한다.

1. 사례 4: 삼성전자: '글로벌 인재 양성 프로그램'

삼성전자는 글로벌 시장에서의 경쟁력을 유지하기 위해 다양한 인적자원개발 프로그램을 운영하고 있다. 그중 하나가 '글로벌 인재 양성 프로그램'이다.

1) 프로그램 구성

- **해외연수 및 파견**: 임직원들을 대상으로 해외 주요 대학에서의 연수 및 파견 프로그램을 운영하여 글로벌 역량을 강화한다.

- 언어 교육: 영어, 중국어, 일본어 등 주요 외국어 교육을 체계적으로 제공하여 글로벌 커뮤니케이션 능력을 배양한다.
- 문화 이해 교육: 해외 파견 전 현지 문화에 대한 이해를 높이는 교육을 실시하여 적응력을 높인다.

2) 교육 방법

- 집합 교육: 사내 교육센터에서 집합 교육을 통해 집중적인 학습 기회를 제공한다.
- 온라인 학습: 언제 어디서나 학습할 수 있는 온라인 플랫폼을 통해 자율적인 학습을 지원한다.
- 멘토링 프로그램: 글로벌 경험이 풍부한 선배와의 멘토링을 통해 실질적인 조언과 지도를 제공한다.

3) 성과와 효과

- 글로벌 역량 강화: 다양한 국가와 문화에서의 업무 경험을 통해 글로벌 역량을 갖춘 인재로 성장할 수 있다.
- 리더십 개발: 글로벌 리더로서 필요한 자질을 개발하고, 다양한 환경에서의 문제 해결 능력을 배양한다.

2. 사례 5: LG전자 '혁신 인재 육성 프로그램'

LG전자는 기술 혁신과 창의적 문제 해결 능력을 갖춘 인재를 양성하기 위해 '혁신 인재 육성 프로그램'을 운영하고 있다.

1) 프로그램 구성

- 기술 교육: 최신 기술 동향과 혁신 기술에 대한 교육을 제공하여 기술 역량을 강화한다.
- 창의적 문제 해결 교육: 디자인 싱킹, 애자일 방법론 등 창의적 문제 해결 방법론

을 교육한다.

- 프로젝트 기반 학습: 실제 업무 프로젝트를 기반으로 학습을 진행하여 실무능력을 배양한다.

2) 교육 방법

- 워크숍과 세미나: 단기 집중 교육을 통해 최신 기술과 혁신 방법론을 습득한다.
- 온라인 학습 플랫폼: 자율적인 학습을 지원하기 위한 온라인 교육 플랫폼을 운영한다.
- 사내 전문가 강의: 사내 전문가들이 직접 강의하여 실질적인 지식과 경험을 공유한다.

3) 성과와 효과

- 기술 혁신 역량 강화: 최신 기술 교육과 실습을 통해 기술 혁신 역량을 강화한다.
- 문제 해결 능력 향상: 창의적 문제 해결 교육을 통해 복잡한 문제를 해결하는 능력을 배양한다.
- 직무 만족도 향상: 실무 중심의 교육을 통해 직무 만족도와 조직에 대한 충성도가 높아진다.

3. 사례 6: 한국전력공사 인적자원개발원(KEPCO HRD)

한국전력공사(KEPCO)는 인적자원의 지속적인 발전과 역량 강화를 위해 한국전력공사 인적자원개발원(KEPCO HRD)을 운영하고 있다.

1) 프로그램 구성

- 직무 전문 교육: 전력 기술과 관련된 전문 교육과정을 운영하여 직원들의 기술 역량을 강화한다.
- 리더십 개발 프로그램: 중간 관리자와 고위 관리자들을 위한 리더십 개발 과정을

통해 조직 내 리더십 역량을 배양한다.

• 글로벌 역량 강화 교육: 해외 연수와 국제 협력 프로그램을 통해 직원들의 글로벌 역량을 높인다.

2) 교육 방법

• 온 · 오프라인 교육 병행: 다양한 교육과정을 온 · 오프라인으로 제공하여 접근성을 높인다.
• 현장 중심 교육: 실습과 현장 교육을 통해 실무 능력을 강화한다.
• 자체 개발 교육 콘텐츠: 한국전력공사의 특성을 반영한 맞춤형 교육 콘텐츠를 제공한다.

3) 성과와 효과

• 기술 역량 강화: 전문적인 직무교육을 통해 직원들의 기술 역량이 크게 향상되었다.
• 리더십 향상: 리더십 개발 프로그램을 통해 조직 내 효과적인 리더들이 배출되었다.
• 글로벌 경쟁력 강화: 글로벌 교육 프로그램을 통해 직원들이 국제적 감각을 익히고, 글로벌 시장에서의 경쟁력을 갖추게 되었다.

4. 사례 7: 현대자동차 인적자원개발원(Hyundai Motor HRD Center)

현대자동차는 혁신적인 인적자원개발을 위해 현대자동차 인적자원개발원(Hyundai Motor HRD Center)을 운영하고 있다.

1) 프로그램 구성

• 기술 혁신 교육: 최신 자동차 기술 및 미래 모빌리티 기술에 대한 교육을 제공한다.
• 경영 및 리더십 교육: 경영 역량과 리더십을 개발하기 위한 체계적인 교육과정을 운영한다.
• 글로벌 교육 프로그램: 해외 연수 및 국제 프로젝트 참여 기회를 제공하여 글로벌

역량을 강화한다.

2) 교육 방법

- **혼합 학습**: 온라인 학습과 오프라인 학습을 병행하여 유연한 교육환경을 제공한다.
- **프로젝트 기반 학습**: 실제 프로젝트를 통한 학습으로 실무 능력을 배양한다.
- **멘토링 프로그램**: 경험 많은 선배와의 멘토링을 통해 실질적인 조언과 지도를 제공한다.

3) 성과와 효과

- **기술 혁신 촉진**: 기술 혁신 교육을 통해 직원들의 기술 역량과 창의적 문제 해결 능력이 향상되었다.
- **리더십 강화**: 경영 및 리더십 교육을 통해 조직 내 리더십 역량이 강화되었다.
- **글로벌 역량 증대**: 글로벌 교육 프로그램을 통해 직원들이 국제적 감각을 익히고, 글로벌 시장에서의 경쟁력을 갖추게 되었다.

5. 사례 8: 인사혁신처 국가공무원인재개발원

국가인재원은 1949년 국립공무원훈련원으로 개원한 이래, 공무원에 대한 교육을 담당하고 있다. 유능하면서도 공직가치가 바로 서 국민에게 신뢰받을 수 있는 공무원을 양성하기 위해 국정철학 · 공직가치 교육 강화, 국가 핵심 인재 양성을 위한 교육품질 혁신, 공공 인재개발 혁신을 위한 연구개발 및 허브기능 강화, 행정한류 확산을 위한 글로벌 교류 · 협력 내실화를 추진하고 있다. 국가인재원은 "우리의 교육이 대한민국 정부의 경쟁력과 국민의 행복을 결정한다."는 자부심과 신념을 바탕으로, 지속적으로 교육을 혁신하고 최신 HRD 교육기법을 연구 개발하여 시대적 요구에 선제적으로 대응하고 미래를 개척할 수 있는 세계 초일류의 역량을 지닌 공공 인재 양성기관이 되기 위해 노력을 기울이고 있다.

〈그림 3-4〉 국가공무원인재개발원 비전 및 미션

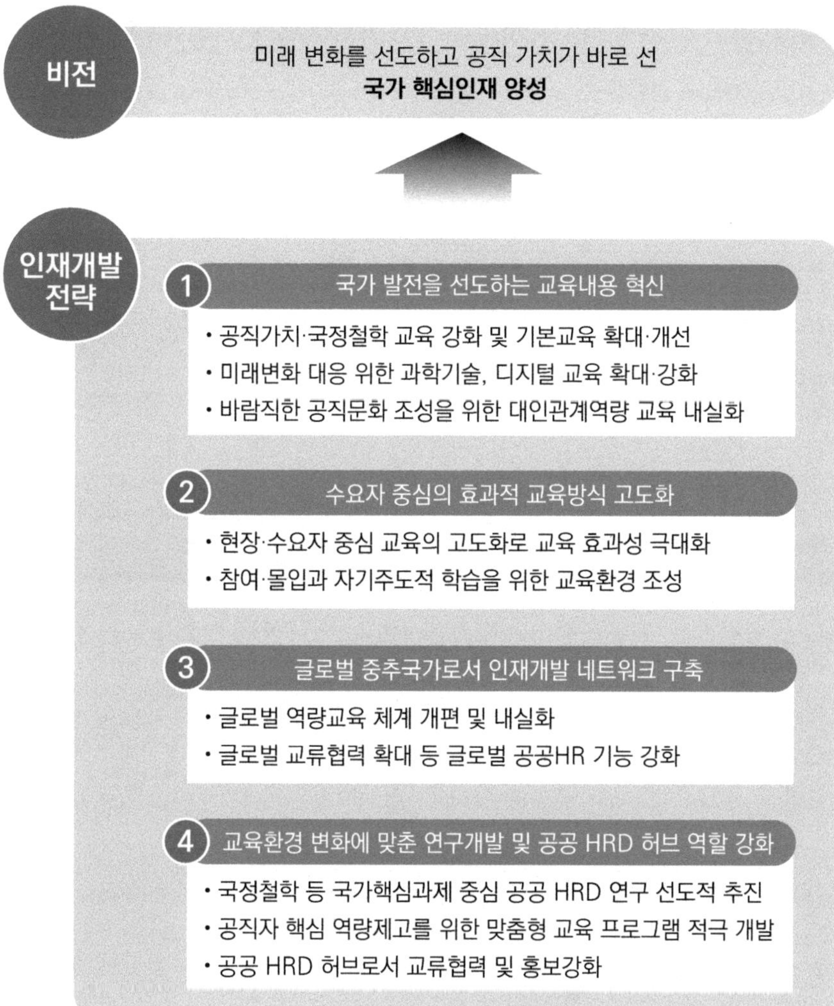

출처: http://www.nhi.go.kr/

〈그림 3-5〉 국가공무원인재개발원 핵심추진과제

현장과 실습 중심으로 정책교육 전면 개편	5급 승진 관리자 과정 부처별 맞춤형으로 개편	개방형 직위 민간 임용자 대상 특화교육 도입	현장과 딜레마를 중심으로 공직가치 교과 개편

현장과 실습 중심으로 정책교육 전면 개편

예비 사무관들의 정책역량을 향상하기 위해 이론 중심의 정책교육을 현장과 실무 중심으로 전면 개편했습니다.

최근에 추진된 정책사례를 토대로 정책담당자의 생생한 경험과 노하우를 공유하고, 관련 문제를 해결하기 위한 정책적 대안을 상호 토론하는 한편, 그 결과를 바탕으로 직접 정책보고서를 작성하도록 구성한 것이 특징입니다.

❶ 개요 | ❷ 정책과정의 이해 및 실습 | ❸ 정책기획 종합실습 | ❹ 보도 자료

1) 교육목표
- 생생한 현장의 업무과정과 담당자의 역할을 간접 체험함으로써 현업 적응력과 정책역량 제고
- 경제·사회 등 다양한 분야의 정책을 대상으로 하여, 여러 정책분야를 이해하고 상호 협업의 필요성 인식

2) 교육체계(산업관리자 과정 기준)
- 현업에 배치되어 정책담당자로서 바로 일할 수 있는 역량을 개발하기 위해 기초이해부터 종합실습까지 단계별 교육체계 구성

〈단계별 교육체계〉

기초 이해	심화	종합 실습
• 사무관의 역할 및 책임 – 선배 사무관 특강 등 • 정책보고서 작성법 • 정책과정의 기초 이해 – 실제 사례 기반, 정책 단계별 주요 업무 및 이슈 학습	• 정책기획 및 보고서 실습(개인) – 총 4개의 실제 정책사례 활용 반복 학습 ① 정책담당자 특강 ② 정책대안 토론(실제 쟁점 대상) ③ 정책보고서 등 작성 실습 ④ 고위공무원 출신 정책교수진의 개별 피드백 제공	• 정책기획 종합실습(팀) – 주요 국정과제 등 대상 – 정책·법령·예산보고서를 포함한 모의 정책기획 – 현장 인터뷰, 자문회의 등 정책현장기반 문제 해결 실습

＋

확장

- 미래예측기반 공공의사결정 실습
- 정책갈등조정 실습(게이미피케이션)
- 전략적 협상 실습

〈그림 3-6〉 국가공무원인재개발원 교육과정

기본교육 | 공직리더십교육 | 국정비전·공직가치교육 | 글로벌교육 | 직무·전문성교육 | 이러닝

•밀레니얼 세대의 등장, 성·세대 간 차이 등 다양한 가치관에 따른 통찰력 및 포용성 갖춘 새로운 리더십을 겸비한 국가 핵심인재를 양성하고자 체계적인 교육을 실현하고 있습니다. 특히, 국가와 국민에게 헌신하는 올바른 공직자세와 윤리관을 확립하고 직무전문성과 4차 산업혁명시대에 적합한 새로운 공직자를 함양하기 위한 교육과정 및 교육환경을 조성하고 있습니다.

교육운영계획 다운로드 ※ 교육과정 클릭 후 에러발생 시 조치방법

국장급 과정	고위정책 과정 신입국장 과정
과장급 과정	신임과장 과정
국·과장급 과정	개방형 직위 임용자 과정
5급 과정	신임관리자 과정(공채) 신임관리자 과정(경채) 5급승진관리자 과정
6급 이하 과정	7급신규자 과정(공·경채) 7급신규자 과정(지역인재 수습직원) 9급신규자 과정 9급신규자 과정(지역인재 수습직원) 경채신규자 과정

기본교육 | 공직리더십교육 | 국정비전·공직가치교육 | 글로벌교육 | 직무·전문성교육 | 이러닝

•고위공무원 및 과장에게 요구되는 핵심역량 함양, 바람직한 리더십의 방향 제시, 관리자로서의 자기 성찰 및 자기주도적 역량 개발 기회를 제공하고자 고위공무원단 후보자·과장후보자 교육과정을 운영하고 있습니다.

교육운영계획 다운로드 ※ 교육과정 클릭 후 에러발생 시 조치방법

역량향상 과정	고위공무원단 후보자 과정 고위공무원단 후보자 역량레벨업 과정 과장후보자 과정 과장후보자 역량레벨업 과정

기본교육 | 공직리더십교육 | 국정비전·공직가치교육 | 글로벌교육 | 직무·전문성교육 | 이러닝

•국정의 중추적 역할을 맡고 있는 공무원들의 국정비전의 이해를 통해 거시적 안목을 가지고 범정부적인 시각에서 적극적으로 정책을 추진해 나갈 수 있도록 다양한 국정비전·시책 교육과정을 운영하고 있습니다.

교육운영계획 다운로드 ※ 교육과정 클릭 후 에러발생 시 조치방법

공직가치심화과정	국정철학의 이해과정 공직가치 실천과정
국정시책과정	적극행정 실천과정 규제혁신 실천과정

기본교육 | 공직리더십교육 | 국정비전·공직가치교육 | **글로벌교육** | 직무·전문성교육 | 이러닝

•국제 업무의 이론과 실무를 겸비할 수 있는 현장적합형 교육체계를 구축하여 학습프로그램을 구성하고 우수 사례의 벤치마킹 등 민간 전문기관과의 협업을 통해 공직자 글로벌 역량교육을 내실화하고 있습니다.

교육운영계획 다운로드 ※ 교육과정 클릭 후 에러발생 시 조치방법

글로벌기본교육과정	국제업무기본과정 국제업무심화과정 국제정세이해과정
글로벌전문교육과정	국제회의과정 국제협상과정
장기국외훈련자 과정	영어권 장기국외훈련자 과정
외국공무원 과정	말레이시아 공무원 과정 이집트 국가인력개발원 공무원 역량강화과정 베트남 미래지도자 역량강화과정 몽골인사행정 역량강화과정

기본교육 | 공직리더십교육 | 국정비전·공직가치교육 | 글로벌교육 | **직무·전문성교육** | 이러닝

•급변하는 행정환경에 대응하여 공무원의 창의적·혁신적 마인드 함양을 통해 실무·관리 능력을 강화하는 직무 전문 교육과정을 조성하고 있습니다.

교육운영계획 다운로드 ※ 교육과정 클릭 후 에러발생 시 조치방법

공통직무역량과정	정책기획력 향상과정 디지털(AI·데이터) 활용 미래예측 대응과정 공공갈등관리 역량향상과정 K-인문융합역량 향상과정 관리자 대상 소통역량 향상과정 소통역량 향상과정 사회재난관리집중 교육과정 교육운영역량 향상과정 강의역량 향상과정
디지털역량교육과정	디지털플랫폼정부혁신과정 디지털역량교육

기본교육 | 공직리더십교육 | 국정비전·공직가치교육 | 글로벌교육 | 직무·전문성교육 | **이러닝**

•언제 어디서나 원하는대로 학습이 가능한 스마트러닝 플랫폼인 '나라배움터'를 통하여 공무원 역량 강화 및 자기주도 학습을 목표로 국정비전 공유, 4차 산업혁명 대비 전문성 함양 등 다양한 분야의 이러닝 과정을 운영하고 있습니다.

교육운영계획 다운로드 ※ 교육과정 클릭 후 에러발생 시 조치방법

이러닝	나라배움터 이러닝(총괄)

4장

중장기 성인 대상 직업교육 프로그램

현대사회는 급속한 기술 발전과 경제 변화로 인해 직업시장의 환경이 빠르게 변하고 있다. 이러한 변화 속에서 중년 이상 성인들은 직업 안정성을 유지하고 새로운 기회를 찾기 위해 지속적인 교육이 필요하다. 본 보고서에서는 중장기 성인 대상 직업교육 프로그램의 중요성과 효과를 다양한 사례를 통해 설명하고자 한다.

Ⅰ. 중장기 성인 대상 직업교육의 필요성

중장기 성인들은 주로 기존 직업에서 오랜 경력을 쌓았거나 새로운 도전에 직면하는 경우가 많다. 이러한 대상자들은 다음과 같은 이유로 직업교육 프로그램이 필요하다.

1. 경력 전환의 필요성

중장기 성인은 직업 변화나 경력 전환의 필요성을 느낄 수 있다. 이는 직업 만족도 향상, 건강 문제, 또는 기존 직업의 안정성 문제 등 다양한 이유에서 비롯될 수 있다.

2. 기술 습득과 업데이트

급변하는 기술 환경에서 중장기 성인들은 최신 기술을 습득하고 기존 기술을 업데이트할 필요가 있다. 이는 경쟁력을 유지하고 새로운 기회를 탐색하는 데 필수적이다.

3. 경제적 안정성

중장기 성인들은 경제적 안정성을 유지하기 위해 지속적인 고용이 필요하다. 이를 위해서는 지속적인 교육과 재훈련이 필요하다.

Ⅱ. 중장기 성인 대상 직업교육 프로그램의 유형

중장기 성인 대상 직업교육 프로그램은 다양한 유형으로 나뉘며, 각 유형은 대상자의 필요에 따라 맞춤형 교육을 제공한다.

1. 경력 전환 프로그램

경력 전환 프로그램은 기존 직업에서 새로운 직업으로의 전환을 돕는 프로그램이다. 이러한 프로그램은 주로 새로운 직업에 필요한 기술과 지식을 제공한다.

사례: 미국의 'AARP Back to Work 50+'

'AARP Back to Work 50+' 프로그램은 50세 이상 성인들을 대상으로 하며, 새로운 직업을 찾기 위한 경력 전환 지원을 제공한다. 이 프로그램은 이력서 작성, 인터뷰 기술, 직업 탐색 전략 등을 포함한 포괄적인 지원을 제공하며, 지역사회에서의 네트워킹 기회도 제공한다.

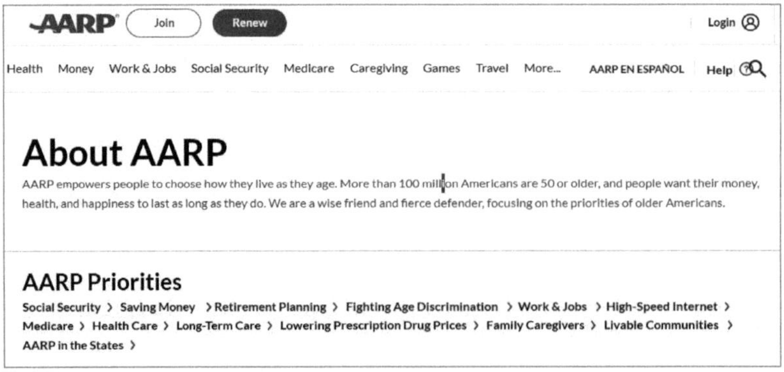

참고 사이트: www.aarp.org

2. 기술교육 프로그램

기술교육 프로그램은 최신 기술을 습득하고 기존 기술을 업데이트하는 데 중점을 둔다. 예를 들어, 정보기술(IT), 데이터 분석, 디지털 마케팅 등의 분야에서 기술교육을 제공한다.

사례: 한국의 2024 스마트직업훈련플랫폼 STEP

한국 스마트직업훈련플랫폼 STEP에서 다양하게 제공하는 중장년층 IT 재교육 프로그램은 중장기 성인들이 최신 IT기술을 습득할 수 있도록 돕는다. 이 프로그램은 컴퓨터 기초, 프로그래밍, 데이터 분석 등의 교육을 제공하며, 실습을 통해 실제 업무에 적용할 수 있는 능력을 키운다.

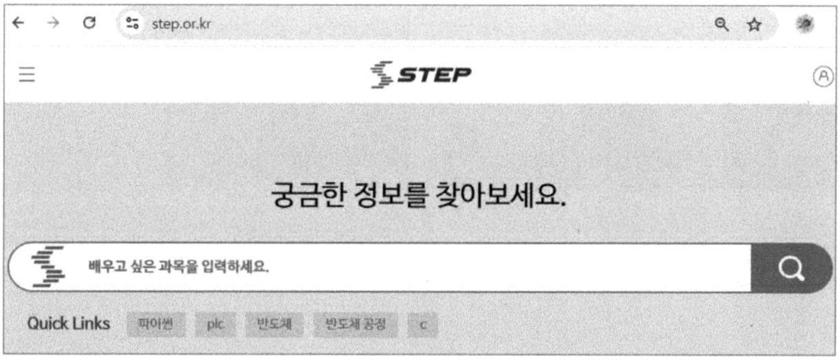

참고 사이트: www.step.or.kr

3. 창업 지원 프로그램

창업 지원 프로그램은 중장기 성인이 새로운 사업을 시작하는 데 필요한 지식과 기술을 제공한다. 이는 사업 계획 작성, 자금 조달, 마케팅 전략 등 다양한 주제를 포함한다.

사례: 일본의 'Start-up School'

'Start-up School'은 일본의 성인들이 창업을 준비할 수 있도록 지원하는 프로그램이다. 이 프로그램은 사업 아이디어 발굴, 사업 계획 작성, 자금 조달 방법, 마케팅 전략 등 창업에 필요한 모든 단계를 교육하며, 성공적인 창업을 위한 멘토링을 제공한다.

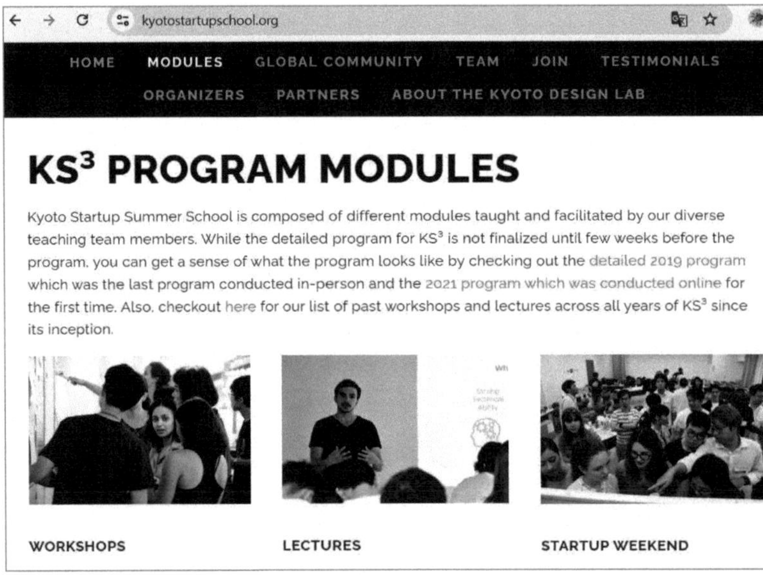

참고 사이트: www.kyotostartupschool.org

Ⅲ. 프로그램의 효과 및 성공 요인

중장기 성인 대상 직업교육 프로그램의 효과는 다음과 같은 요소들에 의해 결정된다.

1. 맞춤형 교육 과정

중장기 성인 학습자들은 각자의 경력과 경험이 다르기 때문에 맞춤형 교육과정이 필요하다. 경력 전환을 원하는 학습자에게는 직업 탐색과 관련된 교육을, 기술 습득을 원하는 학습자에게는 실습 중심의 교육을 제공해야 한다.

2. 실습과 현장 경험

실습과 현장 경험은 학습자가 실제 직무에서 필요한 기술을 습득하고, 이를 적용할 수 있는 능력을 키울 수 있게 한다. 이는 교육 프로그램의 현실성을 높이고, 학습자의 직무 수행 능력을 향상시킨다.

3. 지속적인 지원

중장기 성인 대상 직업교육 프로그램은 교육이 끝난 후에도 지속적인 지원을 제공해야 한다. 예를 들어, 멘토링, 네트워킹 기회, 추가 교육 프로그램 등을 통해 학습자가 지속적으로 성장할 수 있도록 돕는 것이 중요하다.

중장기 성인 대상 직업교육 프로그램은 변화하는 직업 시장에서 성인 학습자들이 경쟁력을 유지하고 새로운 기회를 찾을 수 있도록 돕는 중요한 도구이다. 다양한 사례를 통해 볼 때, 이러한 프로그램들은 맞춤형 교육과정, 실습과 현장 경험, 지속적인 지원을 통해 학습자들에게 큰 도움을 줄 수 있다. 중장기 성인들은 직업교육 프로그램을 통해 새로운 기술을 습득하고, 경력 전환을 성공적으로 이끌어내며, 경제적 안정성을 유지할 수 있을 것이다.

〈중장기 성인 대상 직업교육 프로그램 예시〉

1) 서울특별시 50+ 사업

서울시50플러스재단은 서울시 50+세대(만 50세~64세, 베이비부머 · 신중년 등으로 일컫는 중장년층)를 위한 통합지원정책을 추진하기 위해 2016년 4월 설립된 서울시 출연기관이다. 서울시50플러스재단은 50+사업을 총괄기획하고, 50플러스캠퍼스를 운영하며, 50플러스센터를 지원한다.

출처: https://50plus.or.kr/

〈그림 3-7〉 50플러스재단 미션 및 비전

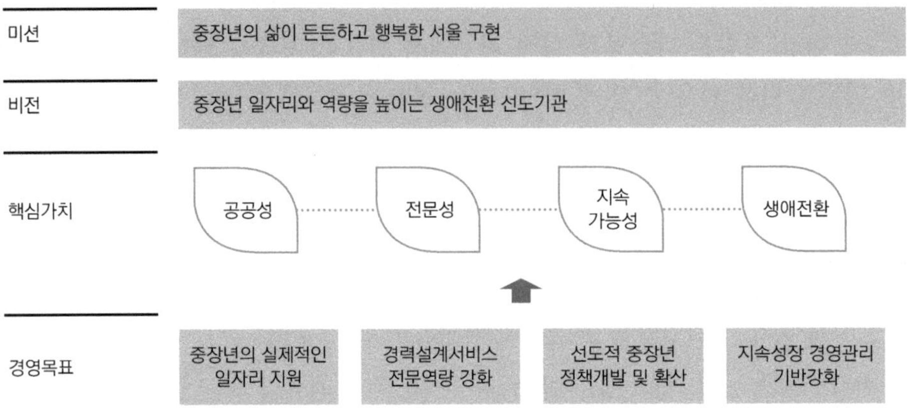

〈그림 3-8〉 서울시50플러스재단 주요사업

서울시50플러스재단은 서울시 중장년 지원정책의 싱크탱크이자 컨트롤타워로 전환기 중장년 집중지원 프로젝트 '서울런4050'의 핵심 수행기관입니다. 중장년 정책사업의 총괄기획과 사업의 주요 실행단위인 50플러스캠퍼스를 운영하고, 지역밀착형50플러스센터와 협력합니다.

일자리 — 중장년의 경험, 역량, 욕구 기반 일자리 발굴, 취업 및 창업 지원

- 취·창업지원
- 중장년 채용설명회·일자리박람회
- 4050인턴십
- 4050직무훈련
- 중장년 이직지원

사회공헌 — 참여자에겐 보람을, 사회엔 새로운 가치를 만드는 사회공헌활동 지원

- 서울시 보람일자리
- 중장년 자원봉사

직업역량 — 변화에 적응하는 맞춤형 직업전환, 역량개발과정 지원

- 직업역량 강화교육
- 디지털 전환교육
- 40대 특화 직업전환 프로그램
- 40대 직업캠프

경력설계 — 경력설계, 취업컨설팅 제공

- 생애설계 상담 서비스
- 생애·경력설계 프로그램
- 취업지원 서비스(기초역량 프로그램, 취업컨설팅)

전환기 중장년 집중지원 프로젝트

서울런4050 소개

여전히 일하고 싶고, 더 나은 일을 하고 싶은 4050세대를 위해 서울시와 재단은 일자리를 체계적으로 지원합니다.

40대	40대+50대		50대
직업 역량 교육	일자리 지원	디지털 전환 교육	생애설계·노후준비
•중장년 직업전환 지원체계 •대학연계 진로 직업교육	•재취업(이직, 전직) 지원 •창업·창직 지원 •보람일자리, 안심·뉴딜일자리	•미래사회 직업능력 교육 •소상공인 디지털전환(DX) 프로젝터 •디지털 역량 강화 교육	•생애설계 상담 및 인생설계학교 •안전한 노후생활 지원 •풍요로운 인생2막 프로그램

〈중장기 성인 대상 직업교육프로그램 예시〉

2) 한국폴리텍대학 신중년 특화과정

정부가 50+의 취업 지원을 위해 개설한 한국폴리텍대학에 50+ 맞춤형 재취업 교육이 신중년 특화과정이다. 정부에서는 2021년부터 만 50세 이상을 대상으로 직업훈련을 통한 생애 재설계, 취업 연계 등을 목적으로 신중년 특화과정을 시행한다. 신중년 특화과정이란 말 그대로 신중년 세대를 위한 맞춤형 교육과정이다. 정부는 우선 한국폴리텍대학 내에 신중년 특화과정을 개설하고 재취업에 적합한 훈련 과정을 시범 운영하고 향후 성과에 따라 확대할 계획이다. 신중년 특하과정은 한국폴리텍대학(Polytechnic Colleges)에 신설됐다. 한국폴리텍대학은 종합기술전문학교로, 기술 중심의 실무 전문인을 양성하는 고용노동부 산하의 국책특수대학이다. 2006년 기능대학과 직업전문학교를 통합해 새롭게 출범한 학교로 현재 전국 8개 권역(수도권, 인천 · 경기, 강원, 충청, 전라도, 대구 · 경북, 부산 · 경남, 제주)에 36개 캠퍼스가 있다.

재취업을 원하는 중년들에게 많은 관심을 받고 있으며 교육과정은 크게 학위(학력)과정, 비학위 직업훈련과정, 실업자과정, 재직자과정으로 운영된다. 학위과정으로는 2년제 학위과정(산업학사 취득, 주 · 야간), 학위전공 심화과정(공학사 취득, 야간)이 있으며 비학위 직업훈련과정으로는 전문기술과정(기능사), 하이테크과정, 일반계고 직업교육 위탁과정, 기능장과정, 신중년 특화과정, 여성 재취업 베이비부머 과정이 있다.

신중년 특화과정은 한국폴리텍대학 4개 캠퍼스 7개 학과에서 운영된다. 서울강서캠퍼스에 의료정보과(시니어헬스케어), 서울정수캠퍼스에 그린 에너지설비과(공조냉동), 자동차과(자동차 복원), 남인천캠퍼스에 특수용접과(특수용접), 스마트전기과(전기 시스템 제어), 대구캠퍼스에 산업설비 자동화과(특수용접)와 스마트전기과(전기설비기술) 등을 운영한다.

모집 인원은 총 300명으로 학력 제한 없이 만 50세 이상 미취업자라면 누구라도 지원이 가능하다. 원서접수는 한국폴리텍대학 홈페이지나 직접 방문을 통해 가능하다. 대구캠퍼스를 제외한 세 곳에서는 상반기와 하반기 총 2회에 걸쳐 입학생을 모집한다. 현재 2, 3월에 개강하는 일부 학과의 원서접수는 마무리된 상황이다. 선발은 100% 면접 전형으로 이루어진다. 교육은 주 5일 하루 6시간, 16주 동안 진행된다. 수업 시간은 오전 9시부터 오후 4시다. 캠퍼스에 따라 세부 시간표 등은 다를 수 있다. 교육은 현장 실무 중심으로 이루어진다.

입학생에게는 수업료, 실습비, 실습복, 식비 등 교육비 전액을 지원한다. 남인천캠퍼스의 경우 기숙사를 무료로 제공한다. 또 월 출석 80% 이상 이수할 경우 통학생에게는 최대 25만원, 기숙사생에게는 최대 20만원의 훈련 수당 및 교통비를 지급한다.

출처: www.kopo.ac.kr

〈신중년 특화과정 과별 교육 내용 예시〉

1) 서울강서캠퍼스 〉 의료정보과(시니어헬스케어)

- 요양보호사 양성이 목적으로 의료기관과 유관 단체의 현장 실무 중심으로 진행된다.
- 교육과목은 요양보호, 요양지원 전산, 노인보건관리, 노인운동관리, 노인 영양조리실습, 환자간병실무, 재가서비스 등이다. 수료 후 요양원, 요양병원 등에 취업할 수 있다.

2) 서울정수캠퍼스 〉 그린에너지설비과(공조냉동)

설비기초, 용접기초, 설비CAD, 설비 자동제어, 냉동설비 운영, 에너지관리설비 등을 배우게 되며 건축(기계) 설비 시공 분야, 태양광 등 신재생 에너지설비 분야 등으로 취업이 가능하다.

3) 서울정수캠퍼스 〉 자동차과(자동차 복원)

수료 후 자동차광택업체, 유리틴팅 업체, 도막흠집복원업체, 자동차 세차업체에 취업이 가능하며 사회적 기업 창업도 지원한다.

4) 남인천캠퍼스 〉 특수용접과

5) 대구캠퍼스 〉 산업설비자동화과(특수용접)

CO_2용접, 가스텅스텐 아크용접, MIG 용접, 가스메탈아크용접 등을 교육하며 수료 후 우주항공정비 분야, 자동차 분야, 플랜트설비 분야, 중공업 · 조선 관련 업체, 종합건축물 유지 · 보수 · 관리업체 등으로 취업이 가능하다.

6) 대구캠퍼스 〉 스마트전기과(전기설비기술)

전기이론, 전기기기, 전기설비, 시퀀스제어, PLC제어 등을 배우며 발전 설비 관련 업체, 공장자동화 관련 업체, 전기설비 관련 업체 등으로 취업이 이어진다.

5장

노년기 직업교육의 실제

얼마 전 정부에서 발표한 '제4차 저출산 · 고령사회 기본계획'은 '모든 세대가 함께 행복한 지속가능 사회'라는 정책비전을 제시하고 고령자들이 주체적 역할을 하며 살아가는 '연령통합적 사회'를 지향하고 있다. 기본계획은 고령자들이 퇴직 후에도 연령을 이유로 사회로부터 배제되지 않고 자신의 의지와 역량에 따라 적극적으로 사회참여를 하고 무엇이든 도전할 수 있는 삶을 가치 있게 보고 있다.

건강하고 능동적인 고령사회 구축을 위해서 노인들의 평생직업교육은 핵심적인 정책수단이 되었다. 일자리를 희망하는 고령자의 수요를 충족하기 위해 여전히 일자리 공급이 부족한 상황이지만 정부는 인프라의 질적 강화를 위한 시니어인턴십 사업, 사회서비스형 신설, 2020년도 통합지원센터 개소 등의 진전이 있었다. 하지만 자신의 경륜을 활용한 일자리 및 사회참여에 대한 욕구가 높은 베이비붐세대가 빠른 속도로 노인이 될 전망이어서 사업은 중대한 전기를 맞이할 가능성이 높다. 포스트코로나 시대 새로운 노년세대의 특성에 맞는 평생직업교육 프로그램 개발, 청년일자리와 상생적 관계 강화를 위한 교육, 참여자의 인적역량 개선을 위한 지원체계 구축, 재정 의존에서 자유로운 민간형 일자리 개발, 지역 현장과 소통할 수 있는 협력체계 구축 등 우리 앞에 놓여있는 산적한 정책과제들이 남아 있다.

고령화 사회의 문제 해결을 위해 노인 계층의 양질의 일자리를 확보할 수 있도록 그들의 직업능력을 개발시키는 것이 사회적 과제로 부각되고 있다. 특히 평생교육 분야에서는 노인 계층의 직업능력개발을 위한 교육 · 훈련프로그램 개발과 이를 통한 고용가능성의 제고에 관심을 기울이고 있다.

우리 사회는 급속한 고령화로 인해 노인 인구가 꾸준히 증가하고 있다. 과거에는 정년퇴직 후 여유로운 노후생활을 보내는 것이 일반적이었지만, 현대사회에서는 경제적 · 사회적 이유로 인해 노인들도 계속해서 일할 기회와 필요성을 느끼고 있다. 이러한 변화 속에서 노인을 위한 평생직업교육이 중요한 대안으로 떠오르고 있다.

노인들이 지속적으로 배우고 일할 수 있도록 돕는 평생직업교육은 개인과 사회 모두에게 긍정적인 영향을 미친다.

많은 노인들은 연금만으로 생활하기 어렵거나, 경제적 부담을 덜기 위해 추가적인 소득을 원한다. 평생직업교육을 통해 새로운 기술을 배우거나 기존의 경험을 활용할 수 있는 직업을 갖게 되면 경제적으로 더 안정된 삶을 유지할 수 있다.

또한 퇴직 후 사회적 역할이 줄어들면서 고립감을 느끼는 노인이 많다. 직업교육을 통해 새로운 일을 배우고, 직장이나 공동체에서 활동할 기회를 얻으면 사회적 관계를 지속적으로 유지할 수 있다. 또한, 자신이 가치 있는 존재라는 인식을 가짐으로써 자아실현의 기회를 얻을 수 있다. 한편 일과 배움은 정신적 · 신체적 건강 유지에도 도움이 된다. 새로운 기술을 익히고 사회활동을 하는 과정에서 뇌 활동이 활발해져 치매 예방 효과를 기대할 수 있으며, 일정한 업무를 수행하면서 신체 활동량도 증가하게 된다. 이러한 점은 노인의 삶의 질을 높이는 데 크게 기여한다. 마지막으로 저출산 · 고령화로 인해 노동력이 부족한 사회에서, 경험과 지혜를 가진 노인들이 다시 경제활동에 참여하면 사회적 생산성을 높일 수 있다. 또한, 젊은 세대와 협업하면서 지식과 경험을 공유하는 것은 세대 간의 소통과 화합을 촉진하는 데 중요한 역할을 한다.

노인 평생직업교육은 단순히 직업을 갖기 위한 과정이 아니라 노후 삶의 질을 높이고, 경제적 · 사회적 자립을 돕는 필수적인 교육 과정이다. 노인들이 배우고 성장할 기회를 지속적으로 제공하는 것은 개인의 행복뿐만 아니라 사회 전체의 발전에도 기여하는 길이 된다. 따라서 정부와 사회는 노인을 위한 맞춤형 평생직업교육을 확대하고, 이를 통해 보다 건강하고 활기찬 고령사회를 만들어 나가야 할 것이다.

노인 평생직업교육 사례

고령화 사회가 빠르게 진행됨에 따라 노인들의 경제적 자립과 사회적 참여가 중요한 사회적 이슈로 부각되고 있다. 많은 노인이 은퇴 후에도 경제적 필요나 자아실현을 위해 새로운 직업을 찾고 있으며, 이에 따라 노인을 위한 직업교육이 점점 더 강조되고 있다.

노인 직업교육은 단순히 새로운 직업을 갖기 위한 기술을 익히는 것을 넘어, 노인의 사회적 역할을 확대하고 삶의 질을 향상시키는 중요한 수단이 된다. 지속적인 학습을 통해 노인들은 디지털 환경에 적응하고, 다양한 직업군에서 활동할 수 있는 기회를 얻을 수 있다. 특히, 컴퓨터 활용, 전자상거래, 창업 관련 교육과 같은 현대적 기술을 익히는 과정은 노인들에게 새로운 가능성을 열어준다.

노인 직업교육의 분야는 매우 다양하다. 기본적인 컴퓨터 및 스마트폰 활용 교육부터 바리스타, 요양보호사, 플로리스트 등의 전문 자격증 과정까지 포함된다. 또한, 수공예나 전통 공예를 배우면서 취미와 직업을 동시에 발전시킬 수도 있다. 최근에는 도시농업과 스마트팜 기술을 배우는 과정도 인기를 끌고 있으며, 이를 통해 노인들은 생산적인 활동을 지속할 수 있다.

노인 직업교육을 제공하는 기관으로는 한국노인인력개발원, 고용노동부의 직업훈련포털(HRD-Net), 지방자치단체의 노인복지관 등이 있으며, 온라인 교육 플랫폼을 활용한 비대면 교육도 활성화되고 있다. 이러한 기관과 프로그램을 통해 노인들은 보다 쉽게 직업교육을 접할 수 있으며, 이를 통해 새로운 직업을 찾거나 자신만의 사업을 시작할 수도 있다.

노인 직업교육은 경제적 자립을 돕는 것은 물론, 사회와의 지속적인 연결을 유지하고 삶의 만족도를 높이는 데 중요한 역할을 한다. 빠르게 변화하는 시대 속에서 노인들도 평생학습을 통해 새로운 기회를 모색하고, 보다 풍요로운 삶을 영위할 수 있도록 다양한 지원이 지속적으로 이루어져야 할 것이다.

1) 60+ 교육센터

한국노인인력개발원에서는 2016년 노인취업교육센터를 설치하여 민간분야 취업교육을 지원한 것을 시작으로 2019년부터 현재 명칭인 60+교육센터로 개편하여 운영해오고 있다.

60+교육센터에서는 크게 취업지원교육과 역량개발교육 등 2가지 유형의 교육과정을 운영하고 있다. 첫째, 취업지원교육은 교육수료 후 취업을 목적으로 하는 일자리 맞춤형 교육을 주로 제공하는 교육과정이다. 이에 일자리를 원하는 노인의 취업을 위한 교육훈련을 제공하며, 단순한 교육 지원에 그치지 않고 실제 원하는 일자리를 구할

수 있도록 연계한다. 둘째, 역량개발교육은 노후생활 및 사회활동에 도움이 되는 역량개발 교육을 주로 제공하는 유형이다. 이에 자격증, 자원봉사, 재능기부 등 취업 이외에 다양한 사회활동에 참여를 희망하는 노인들의 학습 욕구를 충족하고, 교육 후 관련 자격증을 취득하거나 자원봉사활동을 할 수 있도록 연계하고 있다.

2021년에는 전국에 26개소의 60+교육센터를 운영하고 있으며, 한국노인인력개발원에서 직접 운영 또는 교육전문기관에 위탁하는 방식으로 추진하고 있다. 한국노인인력개발원에서 직접 운영하는 60+교육센터는 총 10개소로 지역본부가 소재한 서울, 부산, 대구, 인천, 광주, 대전, 춘천, 전주, 창원, 제주지역에 위치하고 있다. 또한 보다 많은 지역의 노인들에게 교육기회를 제공하고자 대학교, 평생교육기관, 직업훈련시설 등 교육전문기관에 교육을 위탁하고 있는데, 서울과 전북에 각 3개소, 제주 2개소, 부산, 대전, 경기, 강원, 충남, 전남, 경북, 경남지역에 각 1개소 등 총 16개소를 위탁, 지정하여 운영하고 있다.

〈표 3-6〉 전국 60+교육센터

<table>
<tr><th rowspan="2">연번</th><th rowspan="2">유형</th><th rowspan="2">권역</th><th rowspan="2">권역별 노인 일자리 사업 기관</th><th rowspan="2">과정 수</th><th colspan="3">교육인원(명)</th></tr>
<tr><th>계</th><th>취업 지원</th><th>역량 개발</th></tr>
<tr><td>1</td><td rowspan="9">취업 지원 형 (9)</td><td>서울</td><td>남서울실용전문학교(서울60+교육센터(동대문))</td><td>7</td><td>165</td><td>100</td><td>65</td></tr>
<tr><td>2</td><td>부산 울산</td><td>(주)실버종합물류(부산60+교육센터)</td><td>7</td><td>105</td><td>105</td><td>–</td></tr>
<tr><td>3</td><td>대구 경북</td><td>구미노인일자리창출지원센터(경북60+교육센터)</td><td>5</td><td>200</td><td>180</td><td>20</td></tr>
<tr><td>4</td><td>광주 전남</td><td>대한노인회전남연합회(전남60+교육센터)</td><td>11</td><td>292</td><td>292</td><td>–</td></tr>
<tr><td>5</td><td>대전 세종 충청</td><td>건양대학교(충남60+교육센터)</td><td>13</td><td>240</td><td>150</td><td>90</td></tr>
<tr><td>6</td><td>강원</td><td>(재)강원도일자리재단(강원60+교육센터)</td><td>6</td><td>175</td><td>135</td><td>40</td></tr>
<tr><td>7</td><td>전북</td><td>전주시니어클럽(전북60+교육센터(경원))</td><td>7</td><td>150</td><td>150</td><td>–</td></tr>
<tr><td>8</td><td>전북</td><td>원광효도마을 시니어클럽(전북60+교육센터(익산))</td><td>9</td><td>200</td><td>110</td><td>90</td></tr>
<tr><td>9</td><td>제주</td><td>(사)느영나영복지공동체(제주60+교육센터(용담))</td><td>11</td><td>130</td><td>110</td><td>20</td></tr>
<tr><td colspan="4">소계</td><td>76</td><td>1,657</td><td>1,332</td><td>325</td></tr>
<tr><td>10</td><td rowspan="7">역량 개발 형 (7)</td><td>전북</td><td>전북노인일자리센터(전북 60+교육센터(중화산))</td><td>12</td><td>310</td><td>180</td><td>130</td></tr>
<tr><td>11</td><td>제주</td><td>(사)치매없는세상만들기 운동본부(제주60+교육센터(도남))</td><td>7</td><td>220</td><td>–</td><td>220</td></tr>
<tr><td>12</td><td>대전 세종 충청</td><td>충남대학교(대전60+교육센터)</td><td>4</td><td>125</td><td>–</td><td>125</td></tr>
<tr><td>13</td><td>서울</td><td>(사)한국경영기술지도사회 (서울60+교육센터(서초))</td><td>11</td><td>231</td><td>63</td><td>168</td></tr>
<tr><td>14</td><td>경기 인천</td><td>김포대학교(경기60+교육센터)</td><td>7</td><td>150</td><td>20</td><td>130</td></tr>
<tr><td>15</td><td>경남</td><td>경상남도평생교육진 흥원(경남60+교육센터)</td><td>17</td><td>170</td><td>–</td><td>170</td></tr>
<tr><td>16</td><td>서울</td><td>서울시 동부기술교육원(서울60+교육센터(강동))</td><td>1</td><td>60</td><td>–</td><td>60</td></tr>
<tr><td colspan="4">소계</td><td>59</td><td>1,266</td><td>263</td><td>1,003</td></tr>
<tr><td colspan="4">계</td><td>135</td><td>2,923</td><td>1,595</td><td>1,328</td></tr>
</table>

2) 일자리사업 참여노인 교육

보건복지부 「2020년 노인일자리 및 사회활동 지원사업 운영안내」 지침에 따르면 노인일자리사업 참여자에 대한 교육은 소양 및 활동(직무)교육으로 구분된다. 사업 유형에 따라 교육이수시간에 차이가 있다. 공익활동은 안전교육 필수 4시간 포함 활동교육 12시간 이상 수행하도록 하고 있으며, 사회서비스형 일자리와 시장형 사업단의 경우 소양교육, 안전교육, 직무교육으로 구분하여 연간 18시간 이상 교육을 수행하도록 하고 있다. 취업알선형, 시니어인턴십의 경우에는 필요시 소양 및 직무교육을 하도록 했고, 고령자 친화기업의 경우는 기업 자체에서 교육을 운영하도록 하고 있다.

교육내용을 살펴보면, 공익활동의 경우 노년기의 이해, 노인일자리 및 사회활동 지원사업 관련 교육, 활동 중 안전수칙과 행동요령, 기타 성희롱 예방교육, 장애인식 개선교육 등 의무교육을 이수하도록 하고 있다. 사회서비스형의 경우 연간 18시간 이상 교육을 이수하도록 하고 있고, 소양교육 8시간 이상, 안전교육 4시간 이상(필수), 직무교육 6시간 이상으로 구성하도록 하여 2019년 대비 안전교육을 강화하도록 했다. 소양교육에는 의무 이수교육과 노인일자리 사업과 노년기 이해와 관련된 선택 교육이 제공된다. 실제 이러한 소양교육의 경우는 공익활동 참여자 교육과 크게 차이가 없다. 안전교육의 경우도 교육내용 측면에서는 유사한 내용으로 구성되어 근무 시 발생할 수 있는 사고 등에 대한 예방교육, 대처방법에 대한 교육으로 진행되고 있다. 직무교육은 6시간 이상 130 신노년세대를 위한 노인일자리사업 개편방안 연구 이수하도록 하였으며, 지침상으로는 사업별 직무내용과 사업별 수요자에 대한 이해로 포괄적으로 제시되어 있고, 사업별 직무교육에 대한 현장실습, 근무 관련 서류 작성 및 관리 방법 등을 포함하도록 하고 있다.

이러한 소양 및 활동(직무)교육은 노인일자리사업 수행기관에서 실시하는 것으로 규정하고 있다. 노인일자리사업 수행기관은 노인일자리사업 계획을 수립, 지자체의 승인을 받고, 사업 참여자를 모집 · 선발한다. 일자리 수요자(수요처) 개발(발굴)과 선정, 일자리사업 참여자와 수요자(수요처) 간 협약서 작성을 지원한다. 수행기관은 일자리사업 참여자 대상 소양 및 활동(직무) 교육을 실시하고, 활동(근무) 관리 및 활동비(임금) 지급업무를 수행한다. 사업 수행 이후에는 만족도 조사 등의 내용을 포함하여 사업평가를 실시한다. 사업참여자 모집, 선발, 교육 및 활동관리 부분은 노인일자리 담당자에 의해 진행되며, 수행기관 노인일자리 담당자는 한국노인인력개발원이 실시하는 직무 기초교육을 반드시 이수하도록 하고 있다.

고령화로 인한 사회 환경적 변화추세 때문에 생산연령의 확대가 불가피함에도 불구하고, 국내 노동시장에서 노인 계층은 여전히 환영받지 못하는 실정이다. 노인에 대한 편견에서 비롯된 노동시장의 '고령자 기피현상'은 노인들로 하여금 젊은 사람들이 기피하는, 소득수준은 낮고 업무는 고된 일자리를 선택할 수밖에 없게 한다. 이러한 문제는 노인들의 직업능력개발을 위한 교육 프로그램의 문제와도 직접적으로 연결되므로 이에 대한 논의가 필요하다.

6장

여성의 평생직업교육

급변하는 사회는 지식기반사회, 정보화 사회로 여성들의 교육적 욕구와 수요가 증가하고 있다. 여성 직업교육의 목적은 여성으로 하여금 최대한의 자아실현을 통해 국가사회의 발전에 이바지하고 직업의식 함양 및 능력과 자질을 개발함은 물론 사회참여의 기회를 확대시키는 데 있다. 급속히 전개되고 있는 인구의 노령화 및 출산율 감소는 여성인력의 양성 및 활용의 필요성을 더욱 부각시키고 있으며, 지식기반경제로의 전환은 특히 고학력 여성인력의 양성 및 활용의 필요성을 더욱 증대시키고 있다. 지식기반경제사회에서는 경제활동 전반에 걸쳐 지적능력이 기반이 되고, 노동력의 성별 구분이 무의미하다. 또한 과거 어느 때보다도 전문성과 창의성을 갖춘 여성인력의 양성과 최적 활용이 국가경쟁의 성장잠재력을 확충하고 경제활동의 효율을 높이는 데 관건이 되고 있다.

우리나라 여성 직업능력개발 지원정책 21세기 지식기반사회에서는 인적자원의 경쟁력이 과거 어느 때보다도 중요하며, 인적자원의 경쟁력을 확충하기 위해서는 성별에 관계없이 가용 인적자원을 효율적으로 개발하고 적극 활용하는 것이 필요하다. 더욱이 여성의 경제활동 참가욕구가 계속 높아지고 인적자본투자를 통한 노동력의 질적 제고가 빠르게 지속되고 있다는 점에서 여성인력을 전략적으로 양성 · 활용하는 것은 매우 중요한 과제이다. 여성의 지속적인 경제활동참가율 상승이나 고학력화 추세로 앞으로 노동시장 내에서의 여성인력의 입지는 더욱 강화될 전망이다. 따라서 여성의 노동시장에의 중도이탈로 인한 노동공급의 단속성과 고학력여성의 유휴인력화 등 여성인력 특유의 취약성에 대한 근본적인 대책이 필요한 실정이다.

정보화, 지식화사회의 도래로 섬세하고 유연한 감성을 지닌 여성의 능력 활용의 폭이 넓어지고 노동시장에서의 여성의 역할이 더욱 큰 비중을 갖게 될 것이다. 특히 1998년 이후 우리경제는 기업의 설비투자 감소와 산업구조조정으로 실업률이 증가되고 가계의 소득원으로서 여성의 역할이 커질 것으로 예상되며, 임금수준의 안정과 중소기업의 인력부족을 해소하여 국가경쟁력을 강화하기 위해서도 여성인력 활용의 필요성이 더욱 증대할 것이다. 따라서 여성근로자 고용안정과 여성인력의 산업인력화를 위한 적극적인 대책이 필요한 실정이다.

우리나라의 경우 여성들이 결혼, 출산으로 인해서 퇴직하고, 퇴직한 이후에는 잘 발달된 내부 노동시장으로 인해서 정규직으로 재취업이 거의 힘든 상황에 있다. 최근 각국 정부는 기업의 경쟁력을 제고시키기 위한 정책의 일환으로 노동유연화 정책을 실시함에 따라, 전업주부의 증가와 함께 비정규직 여성인력이 더욱 증가하는 경향을 보이고 있다(Korean Shadow Report, 1998).

재취업을 희망하는 전업주부들의 경우 취업을 위해서 직업능력개발훈련을 받을 수 있는 기관이 많지 않고, 재취업을 희망하는 주부들을 훈련하는 기관들이 수요자의 요구와 자원에 맞게 세분화되어 있지 않으며, 노동시장의 수요에 맞는 훈련의 창출 그리고 양자 간의 연계성도 부족하다. 재취업교육의 많은 부분이 기혼여성 노동자에 대한 고정관념으로부터 출발하여 임시적이고 단순기술을 요하는 노동의 훈련만 수용한다. 즉, 취업단절로 인한 공백을 메워주거나 사회변화가 요구하는 새로운 기술을 통해 경력을 향상시킬 수 있는 기회를 제공하는 훈련을 수용하고 있지 못하고 있다.

여성고용의 안정과 남성에 대한 상대적 불리함을 극복하는 필요조건은 직업에 대한 준비와 직업능력개발훈련이다. 여성에 대한 직업능력개발훈련의 범위와 질이 보다 높아져야 하며 시대의 흐름과 여성의 경제활동 비율 증가라는 시대적인 흐름에 맞게 현실적인 직업능력개발훈련이 준비되어야 한다. 여성은 생애주기와 관련하여 직업능력개발훈련을 받아야 할 필요성이 남성들보다 크며, 결혼이나 임신, 출산 등으로 직업생활이 중단되었다가 복귀할 때도 직업능력개발훈련이 필수적이다. 새로운 지식, 기술의 습득을 위해서는 사회교육이라는 제2의 직업능력개발 교육기회가 필요하게 된 것이다. 또한 직업에의 참여와 이동에 따른 적응을 위해서도 직업사회교육이 필요하게 되었다. 직업능력개발훈련의 중요성은 우선 유휴인력을 경제분야로 흡수하고자 하는 이유이며 또한 특별한 기술 없이 단순직이나 판매직, 비정규직 등에 종사하고 있는 저소득층 여성에게 기술교육을 받게 함으로써 그들의 임금이나 지위를 향상시킬 수 있는 기회를 제공하게 된다.

산업사회의 인력수요를 공급함에 있어 학교교육이 담당하여야 할 역할과 기능에는 한계가 있다. 직업인을 양성하는 데 있어서 정규교육 못지않게 중요한 역할과 기능을 수행하고 있는 것이 사회교육을 통한 직업능력개발훈련이라고 할 수 있다. 그럼에도 불구하고 실제 직업능력개발훈련 기회는 남성에 비해 불평등한 것이 현실이다.

여성의 취업 기반을 확충하기 위해서 취해야 할 정책의 방향은 고용에서의 차별적인 관행을 제거하는 정책, 가족 책임과 근로를 병행하면서 경력을 개발할 수 있도록 뒷받침하는 정책, 여성인력에 대한 투자확대 등이 있지만, 이 중에서 발상의 전환으로 큰 효과를 볼 수 있고 동시에 근본적인 대책이 직업능력개발훈련 기회의 확대이다. 정부에서는 인적자원개발에서 소외될 가능성이 큰 하위직 재직 근로여성, 비정규 여성근로자, 전업수부 등과 같은 여성 집단이 생애에 길처서 직업능력개발을 할 수 있도록 하여야 한다. 이를 위해서 먼저 저숙련 재직근로자와 비정규 여성근로자들이 급속히 변화하는 직업요구능력을 갖출 수 있도록 직업능력개발훈련 기회를 확대한다. 또한 모자가구의 여성가구주, 미혼모 등과 같은 취약계층 여성인력이 지식기반경제에서 필요로 하는 직업능력을 갖출 수 있는 기회를 확대하고, 이들의 능력개발을 담당하는 직업능력개발 교육훈련체제의 유연성을 제고시킴으로써 실질적인 경제적 자립을 도모하고 더불어 지식정보화사회에서 지식격차에 따른 양극화 현상으로 가장 소외되기 쉬운 집단 중의 하나인 전업주부의 경제적 · 사회적 능력을 생애에 걸쳐 지속적으로 개발하여 이들 인적자원의 효율성을 높일 수 있다.

남성에서의 경우와 달리 여성은 생애 단계별로 취업단절이 심하고 또한 비공식 부분에서 경제활동을 하는 경우가 많아서 연령에 관계없이 양성훈련에 대한 수요가 많다. 그럼에도 불구하고 최근에 변화하고 있는 직업능력개발훈련제도의 기본적인 틀에 의하면 정부가 재정 지원하는 양성훈련은 기능사 양성 특별훈련과정이 전부이다. 이 과정은 제조업, 생산직에 초점이 맞춰져 있기 때문에 많은 여성의 취업경력과는 상당히 맞지 않다. 따라서 정부가 지원하는 여성인력개발센터, 여성회관, 지방자치단체의 직업능력개발훈련기관을 중심으로 취업 혹은 재취업희망여성을 위한 양성훈련과정을 지속적으로 개설 · 운영하는 것이 필요하고, 한국폴리텍대학 및 공공훈련기관에서도 비제조업 부분에 초점을 맞춘 양성훈련과정을 지속적으로 개발 · 운영하는 것이 필요하다.

여성근로자는 비정규직 비중이 높기 때문에 비정규직 근로자의 직업능력개발을 지원하는 프로그램은 여성들에게 반드시 필요하다. 이들 비정규직 근로자들은 사업주로부터의 직업능력개발 기회가 거의 주어지지 않기 때문에 우선적으로 배려되어야 한다. 또한 종래의 정부나 사용자 중심의 능력개발사업에서 근로자 주도적인 교육훈련 시스템으로의 전환이 요구된다. 교육훈련과정의 목적과 과정을 근로자 자신이 스스로 판단하고 선택할 수 있도록 하며, 그에 따른 비용을 정부나 고용보험이 제공하고 교육휴가 등 시간과 관련된 편의를 제공받을 수 있도록 제도화하는 유급교육휴가제를 비정규 근로자들에게까지 도입할 필요가 있다.

여성직업교육 프로그램

여성에 대한 취업·창업을 지원하고 여성 지원 인프라를 확충하고 나아가 경력단절을 예방하기 위한 여성의 직업교육에 대한 지원을 부처별로 강화하고 있다. 이를 위해 고용노동부는 여성의 생애주기별로 모성보호, 보육, 돌봄, 재취업 지원 등 여성의 경력 유지 및 경제활동을 뒷받침하고 여성가족부는 여성의 권익 향상을 위한 네트워크 형성, 교육지원을 위한 지원을 종합적으로 관리하고 있다. 세부적인 사항은 〈표 3-7〉과 같다.

〈표 3-7〉 여성직업교육

대주제	세부사항	담당 부처
여성의 경력단절 예방 지원강화	• 여성재직자에 대한 직업훈련기회 확대 • 비정규직 등 취약계층에 대한 맞춤형 직업훈련 강화	고용노동부
	• 육아휴직 중인 취업여성에 대한 직장복귀 상담 및 교육제공 • 취업여성의 경력단절예방을 위한 고충상담, 교육, 멘토링 및 직장 문화 개선 프로그램 확대 운영 • 대학 등과 연계하여 청년여성 특화 취업지원 프로그램 개발 운영 • 출산, 육아 휴직자에 대한 과학기술분야 대체인력 지원을 통한 여성과학기술인 경력단절 방지	여성가족부, 고용노동부, 과학기술정보통신부

<table>
<tr><th>대주제</th><th>세부사항</th><th>담당 부처</th></tr>
<tr><td rowspan="4">경력단절
여성에 대한
취업 · 창업
지원</td><td>• 경력단절 여성 사례관리 등 특화 취업지원강화
• 유형별 새일센터 운영을 통해 경력, 대상, 지역 특성을 고려한 대상별 차별화된 취업지원
• 워크넷 및 고용보험정보 빅데이터 분석하여 개인별 맞춤형 서비스 제공
• 고부가가치 직업훈련과정 확대</td><td>여성가족부,
고용노동부</td></tr>
<tr><td>• 경력단절 여성 재고용 기업에 대한 세제지원 강화
• 경력단절 여성을 채용한 기업에 대한 환경개선 사업지원
• 경력단절 여성 인턴 채용 후 정규직 전환 기업의 취업 장려금 지원</td><td>기획재정부,
여성가족부</td></tr>
<tr><td>• 여성기업종합지원센터를 통해 창업기업 인큐베이팅, 전문가 상담 및 애로 해결 등 지원
• 기술기반 우수 창업아이템 발굴을 위한 여성창업경진대회
• 새일센터를 통해 예비 창업자 및 지역 내 유망업종 발굴, 정보제공, 교육훈련, 멘토링 등 창업서비스 제공 강화</td><td>중소벤처
기업부,
여성가족부</td></tr>
<tr><td>• R&D 분야 석 · 박사급 경력단절 여성과학기술인과 산 · 학 · 연 연구기관을 매칭하여 여성과학 기술인의 경력복귀지원강화</td><td>과학기술정
보통신부</td></tr>
<tr><td rowspan="2">경력단절
여성 지원
인프라 확충</td><td>• 새일센터의 경력개발형, 농어촌형 등 인프라 단계적 확충
• 여성창업아이템 발굴, 사업개발 등 창업과정 인큐베이팅 역할 강화, 단계별 맞춤 서비스 제공</td><td>여성가족부</td></tr>
<tr><td>• 여성기업의 아웃소싱 업무를 여성 전문인력(프리랜서) 등과 연결</td><td>중소벤처
기업부</td></tr>
</table>

출처: 여성가족부(2018). 2018-2022 제2차 양성평등정책 기본계획. p32-44 재구성

PART 4

평생직업교육의 과제

PART 4. 평생직업교육의 실제

1장

New Era 평생직업교육

제4차 산업혁명 시대로 접어들면서 AI, 자율주행차, 빅데이터, IoT, 3D 프린팅, 스마트 팩토리 등 급격한 기술진보가 이루어지고 있다. 이러한 새로운 기술의 도입은 근로시간 단축에 영향을 주고 있으며, 모든 사람들이 모여서 일을 해야 한다는 근로 장소에 대한 개념도 변화시키고 있다. 이를 통해 근로시간과 근로 장소에 대해 명시하고 있는 근로계약 자체도 영향을 받아 근로계약의 형태도 매우 다양해지는 등 고용환경의 변화가 빠르게 진행되고 있다.

또한 저출산과 고령화 사회가 시작되면서 생산가능인구가 빠르게 감소하고 있다. 중 · 고등학교 교육이 보편화되고, 고등학교 졸업 후 바로 전문대 및 4년제 대학에 진학하는 방법 외에 여러 다양한 방법으로 학위를 취득할 수 있는 제도들이 운영됨에 따라 고등교육이 확대되고 있는 상황이다. 따라서 자연스럽게 성인의 학력 수준이 지속적으로 상승하고 있다. 이와 더불어 기대수명 증가로 개인들은 전 생애에 걸쳐 여러 번의 기술혁신과 사회변화를 경험하게 되었다. 이에 발맞추어 인력상황 등 변화하는 환경변화를 고려한 인력구조의 개편과 노동시장의 재구조화가 필요한 상황이다.

저출산, 고령화, 제4차 산업혁명과 같은 사회변화가 빠르게 일어남에 따라 변화하는 산업사회에 기여할 수 있는 인재의 역량도 계속적으로 변화하고 있다. IT기술과 디지털 기술을 바탕으로 한 과학의 발달은 단순 반복 업무 중심의 기존 직업을 사라지게 하거나, 융 · 복합 분야를 중심으로 새로운 직업이 창출될 것으로 전망하고 있다(World Economic Forum, 2016). 이 과정에서 발생하는 일자리 환경의 변화와 직업 · 직무 변화에 대비하기 위해 직업능력개발훈련 프로그램의 변화가 필요하다. 이와 같이 빠르게 변화되어 가고 있는 사회변화에 대응하기 위해 평생직업교육의 필요성은 계속적으로 증대되고 있다.

또한, 제4차 산업혁명이 가져오는 고용환경 변화의 부정적인 영향으로 소득과 일자리의 양극화가 더욱 심화될 것으로 예상된다. 일자리와 소득의 불균형을 최소화하기 위해서는 기존 노동제도 및 규범의 개혁과 더불어 직업교육 및 훈련제도의 변화가 필요한 상황이다(허재준, 2017).

예상되는 제4차 산업혁명과 저출산 · 고령화 사회에 효과적으로 대비하기 위해서는 현재 진행되고 있는 학교교육만으로 현재 사회에서 필요로 하는 직업교육을 모두 해결하기 어려운 실정이다. 이에 따라 국가와 함께 지방자치단체 주도의 거시적이며 체계적인 평생직업교육에 대한 정책수립이 필요한 상황이다(고용노동부, 2018). 그러므로 이러한 사회 · 경제 변화에 따른 직업교육의 중요성이 강조되는 환경에 발맞추어 현재 상황을 제대로 파악하고 효과적으로 대응할 수 있는 평생직업교육 정책을 제시할 필요가 있을 것이다.

Ⅰ. 제4차 산업혁명과 평생직업교육의 필요성

제4차 산업혁명으로 인하여 일자리가 급감할 것이라는 비관론과 함께 인공지능(AI)을 보조도구로 활용하여 새로운 일자리가 만들어질 것이라는 낙관론이 제기되고 있다. 이러한 논란에도 불구하고 제4차 산업혁명은 우리 사회의 미래 불확실성을 증가시킬 것이다. 특히 직업 구조뿐만 아니라 일하는 방식의 변화는 사회 · 경제 · 문화뿐만 아니라 평생직업교육에도 많은 영향을 줄 것이다.

Ⅱ. 미래지향적 평생직업교육 패러다임으로 전환

과거 전통적 패러다임에서 벗어나 제4차 산업혁명을 대비하여 평생직업교육 패러다임이 어떻게 변화될 것인가에 대해서는 다음과 같이 제시하고 있다.

첫째, 현 직업교육은 학생들이 새로운 아이디어를 가지고 선도할 수 있는 인재를 양성하기보다는 해당 분야의 숙련된 인재를 양성하는 체제로 운영되고 있다. 따라서 '빠른 적응자' 양성을 위한 직업교육이 아니라 '숙련 리더' 양성을 위한 직업교육으로 전환될 것이다.

둘째, 현 직업교육은 '실패하지 않도록 정답을 알려주는 직업교육'을 추구하고 있다. 우리 사회에서 '실패=학습'이 아닌 오직 '정답=성공'으로 인식되고 있고, 학생들이 실패하지 않도록 정답만을 알려주거나 실패를 학습으로 전환하도록 지원하는 시스템이 미흡한 실정이다. 따라서 '실패하지 않도록 정답을 알려주는 직업교육'에서 '실패를 통해 학습하여 정답을 찾아가는 직업교육'으로 변화될 것이다.

셋째, 현 직업교육은 직업 구조의 급속한 변화에도 불구하고 전통적 학과들을 집중적으로 개설 운영하거나, 개별 집단의 특성과 요구를 반영하지 못한 경직된 학사제도를 운영하고 있다. 물론 현 직업교육이 우수 산업인력을 양성하고, 사회적 약자의 사회계층 이동경로 역할을 수행하여 왔지만, 제4차 산업혁명 등의 변화에 적극적으로 대응하기에는 한계가 있다. 따라서 미래 직업교육은 협력적이면서도 신속 유연한 학사제도를 구축해야 한다. 예를 들면 대학이 학과 중심 학사제도에서 벗어나 '자격 또는 직무' 중심 학사제도로 전환하고, 언제든지 필요한 직업교육을 받을 수 있는 '한국형 나노 디그리(Nano Degree, 온라인 단기 학위)'를 도입 및 운영하게 될 것이다.

넷째, 학교 내에서 학생 수준과 기업 요구를 고려하지 않은 획일적인 교육과정을 편성 및 운영하거나, 학생들이 자기주도적으로 학습할 기회가 많지 않았다. 최근 논의되고 있는 직업계고 학점제 도입 정책은 직업계고 학생에게 다양한 과정을 이수할 기회를 제공함과 동시에 일반고 학생들 중에서 직업교육 희망 학생들에게 질 높은 직업교육을 받을 기회를 제공하게 될 것이다.

다섯째, 과거 특성화고와 대학은 학령인구 중심의 직업교육을 하였지만, 미래에는 성인, 근로자, 전직 희망자, 중고령자 등 직업교육을 희망하는 모든 사람에게 일-학습-삶을 연계할 수 있는 평생직업교육 기회를 제공할 것이다.

여섯째, 최근 취업 중심 특성화고와 대학의 취업 지원 역할이 강화되면서 학교 중심의 직업교육만으로는 학생들에게 기업에서 요구하는 취업 역량을 향상시키는 데 한계를 보이고 있다. 이러한 한계를 개선하고자 학교 내 역량 교육을 실시함과 동시에 학교 밖 학습 경험을 이수할 수 있는 도제과정, 현장실습, 인턴십 등의 확대 및 내실화가 요구될 것이다.

일곱째, 제4차 산업혁명 시대에는 시간, 장소에 구애받지 않는 일자리가 다수 생성될 것으로 전망된다. 따라서 국내 일자리뿐만 아니라 국외 일자리로의 취업이 확대되기 위해서는 국제 간 상호인정 자격 중심의 교육과정이 확대 운영될 것이다.

결국, 제4차 산업혁명 시대에도 '능력중심사회 구현을 위한 신속하고 유연한 개인 맞춤형 평생직업교육체제'의 중요성이 강조될 것이다. 또한 국가뿐만 아니라 기업도 기존 근로자의 직업능력개발 기회를 보장해야 하며, 전직 희망자, 자영업자, 사회적 약자들이 평생직업능력을 개발할 수 있도록 적극적으로 지원해야 한다.

Ⅲ. 평생직업교육의 필요성과 방향성

1. 평생직업교육의 필요성

제4차 산업혁명 시대에는 근로자들에게 요구되는 역량이 지속적으로 변화하고 있다. 이에 따라 평생직업교육의 필요성이 증가하고 있다. 평생직업교육은 다음과 같은 이유로 필요하다.

첫째, 기술 변화에 따른 직업 변화에 대응하기 위해 필요하다. 새로운 기술이 도입되면서 기존의 직업이 사라지고 새로운 직업이 창출되고 있다. 이에 따라 근로자들은 지속적으로 새로운 기술을 습득하고 직업능력을 개발해야 한다.

둘째, 근로자의 직업 안정성을 확보하기 위해 필요하다. 평생직업교육을 통해 근로자들은 변화하는 직업 환경에 적응할 수 있는 능력을 기를 수 있으며, 이를 통해 직업 안정성을 확보할 수 있다.

셋째, 사회적 불평등을 해소하기 위해 필요하다. 평생직업교육은 모든 사람들이 동등한 교육기회를 갖고 자신의 직업능력을 개발할 수 있도록 함으로써 사회적 불평등을 해소할 수 있다.

넷째, 국가경제 발전을 위해 필요하다. 평생직업교육을 통해 고숙련 인력을 양성함으로써 국가의 경쟁력을 강화할 수 있다.

2. 평생직업교육의 방향성

평생직업교육은 다음과 같은 방향으로 나아가야 한다.

첫째, 개인 맞춤형 교육을 제공해야 한다. 각 개인의 직업능력, 흥미, 적성에 맞춘 맞춤형 교육을 제공함으로써 교육의 효과를 극대화할 수 있다.

둘째, 직업 변화에 신속하게 대응할 수 있는 교육을 제공해야 한다. 기술 변화에 따른 직업 변화를 예측하고 이에 신속하게 대응할 수 있는 교육을 제공해야 한다.

셋째, 직업교육과 일반교육의 통합을 추구해야 한다. 직업교육과 일반교육이 상호보완적으로 작용할 수 있도록 통합된 교육체계를 구축해야 한다.

넷째, 평생직업교육을 위한 인프라를 확충해야 한다. 교육시설, 교육 프로그램, 교육 인력 등 평생직업교육을 위한 인프라를 확충해야 한다.

다섯째, 평생직업교육을 위한 법적 · 제도적 기반을 마련해야 한다. 평생직업교육을 위한 법적 · 제도적 기반을 마련하여 교육의 지속 가능성을 확보해야 한다.

Ⅳ. 평생직업교육의 주요 과제

1. 평생직업교육 체계 구축

첫째, 평생직업교육 체계를 구축해야 한다. 평생직업교육을 효과적으로 운영하기 위해서는 체계적인 교육 체계가 필요하다. 이를 위해 국가, 지방자치단체, 기업, 교육기관이 협력하여 평생직업교육 체계를 구축해야 한다.

둘째, 평생직업교육을 위한 교육 프로그램을 개발해야 한다. 기술 변화에 따른 직업 변화에 대응할 수 있는 교육 프로그램을 개발하여 근로자들이 지속적으로 새로운 기술을 습득할 수 있도록 해야 한다.

셋째, 평생직업교육을 위한 교육 인력을 양성해야 한다. 평생직업교육을 효과적으로 운영하기 위해서는 전문적인 교육 인력이 필요하다. 이를 위해 교육 인력을 양성하고 교육의 질을 향상시켜야 한다.

넷째, 평생직업교육을 위한 교육 시설을 확충해야 한다. 평생직업교육을 효과적으로 운영하기 위해서는 교육시설이 필요하다. 이를 위해 교육시설을 확충하고 교육의 접근성을 향상시켜야 한다.

다섯째, 평생직업교육을 위한 재원을 확보해야 한다. 평생직업교육을 효과적으로 운영하기 위해서는 재원이 필요하다. 이를 위해 재원을 확보하고 효율적으로 활용해야 한다.

2. 평생직업교육의 내용과 방법

첫째, 평생직업교육의 내용을 다양화해야 한다. 기술 변화에 따른 직업 변화에 대응할 수 있도록 교육 내용을 다양화하고, 새로운 기술과 직업에 대한 교육을 제공해야 한다.

둘째, 평생직업교육의 방법을 혁신해야 한다. 전통적인 교육 방법에서 벗어나 온라인 교육, 실습 교육 등 다양한 교육 방법을 도입하여 교육의 효과를 극대화해야 한다.

셋째, 평생직업교육의 평가 체계를 구축해야 한다. 평생직업교육의 효과를 평가하고 개선하기 위해 체계적인 평가 체계를 구축해야 한다.

넷째, 평생직업교육의 지원 체계를 강화해야 한다. 근로자들이 평생직업교육을 받을 수 있도록 경제적 · 제도적 지원을 강화해야 한다.

다섯째, 평생직업교육의 홍보를 강화해야 한다. 평생직업교육의 중요성을 알리고 교육 참여를 촉진하기 위해 홍보를 강화해야 한다.

3. 평생직업교육의 성과와 과제

첫째, 평생직업교육의 성과를 평가하고 개선해야 한다. 평생직업교육의 성과를 체계적으로 평가하고, 평가 결과를 바탕으로 교육 프로그램과 운영 방안을 개선해야 한다.

둘째, 평생직업교육의 성과를 확산해야 한다. 평생직업교육의 성과를 널리 알리고, 성공 사례를 공유하여 다른 교육기관이나 기업에서도 벤치마킹할 수 있도록 해야 한다.

셋째, 평생직업교육의 지속 가능성을 확보해야 한다. 평생직업교육의 지속 가능성을 확보하기 위해 법적 · 제도적 기반을 마련하고, 재원을 안정적으로 확보해야 한다.

넷째, 평생직업교육의 국제화를 추진해야 한다. 글로벌 시대에 맞춰 평생직업교육의 국제화를 추진하고, 해외 교육기관과의 협력을 강화해야 한다.

다섯째, 평생직업교육의 연구를 활성화해야 한다. 평생직업교육의 발전을 위해 지속적인 연구를 수행하고, 연구 결과를 교육 현장에 반영해야 한다.

제4차 산업혁명 시대에는 산업, 일자리, 직무역량 등에서의 급격한 변화를 대비한 평생직업교육이 필수적이다. 이러한 변화에 적응하고 도전할 수 있는 인재를 양성하기 위해서는 국가와 기업, 교육기관 모두가 협력하여 신속하고 유연한 평생직업교육체제를 구축해야 한다. 특히, 학력 중심의 사회에서 벗어나 능력 중심의 사회로 전환하는 것이 중요하며, 이는 개인과 사회 모두에게 이익이 될 것이다.

2장

평생직업교육의 방향

제4차 산업혁명 시대로 접어들면서 급격한 기술진보로 근로시간이 단축되고, 모든 사람들이 모여서 일을 해야 한다는 근로 장소에 대한 개념이 변화하는 등 노동환경이 달라지고 있다. 제4차 산업혁명 시대는 과학 · 기술의 발달로 단순 반복 업무 중심의 기존 직업이 사라지고, 융 · 복합 분야를 중심으로 새로운 직업이 창출될 것으로 전망되고 있다(World Economic Forum, 2016). 저출산과 고령화 사회의 도래로 생산가능인구가 빠르게 감소하고 있으며, 중 · 고등학교 교육의 보편화, 고등교육 확대 등을 통해 성인의 학력 수준이 지속적으로 증가하고 있다. 기대수명 증가로 개인은 전 생애에 걸쳐 여러 번의 사회변화를 경험하게 되었으며 사회변화에 대응하기 위해 평생 지속되는 직업교육의 필요성이 높아지고 있다.

우리나라는 제4차 산업혁명으로 일자리를 위협받을 가능성이 높은 직군의 종사자가 많은 편이며, 2015년을 기준으로 자동화에 의한 직업 소멸위험군 취업자의 비중이 전체 취업자의 절반 이상을 차지한다(한국직업능력개발원, 2017). 제4차 산업혁명과 저출산 · 고령화 사회에서 발생하는 일자리 환경의 변화와 직업 · 직무 변화에 대비하기 위해서는 기존의 직업능력개발훈련 프로그램에의 변화가 필요하다. 이에 본 연구는 급격한 사회 · 경제적 변화에 따른 일자리 환경의 변화로 평생에 걸친 직업교육의 중요성이 강조되는 상황에서 시민들이 새로운 일자리 환경에 효과적으로 대응할 수 있는 평생직업교육 정책을 제안하고자 한다.

Ⅰ. 평생직업교육 기본방향

1. 생애경력개발의 관점에서의 접근

미래의 평생직업교육은 중등교육과 대학수준에 초점을 둔 학령기 위주의 직업교육과 특정한 직무에 대한 직무수행 역량개발에 초점을 맞춘 직업교육 체제에서 벗어나, 평생에 걸쳐서 개인에 맞는 경력 경로를 다양하게 열어주어야 한다. 또한 각 개인의 다양한 형태의 성공적인 삶을 지원하는 직업교육훈련 체제와 정책으로 전환되어야 한다.

생애경력개발은 각 개인의 생애주기에 맞추어 경력목표를 수립하고, 수립된 목표를 달성할 수 있도록 경력개발과 관련한 기회와 자원을 제공하는 총체적인 활동으로, 개인의 능력개발을 지원하는 것을 의미한다. 생애경력개발은 특정 직무와 직업교육에 머무르는 것이 아니라, 제4차 산업혁명과 같은 미래의 직업 및 사회변화에 유연하게 대처할 수 있도록 개인이 지속적이고 주도적으로 능력을 개발한다는 관점이다. 그러므로 평생직업교육의 개념은 특정 직무 분야에서 바로 근무할 수 있도록 기술적인 직무역량을 개발하는 데 초점을 둔 직업교육 개념에서 벗어나 개인의 생애주기에 맞추어 경력목표를 정하고, 이에 따라 개인의 능력개발을 지원하는 교육으로 방향을 제시할 수 있다.

2. 직업 가치에 대한 새로운 관점에서의 접근

평생직업교육은 생애 어느 시점에서든지 희망하는 능력을 개발할 수 있도록 평생에 걸쳐 새로운 진로 접근에 대한 기회를 다양하게 열어주어야 하며, 이는 개인의 성공적인 삶을 지원하는 평생직업교육의 방향성을 나타낸다. 평생직업교육에서 바라보는 성공적인 삶은 자신의 능력을 발휘하고 사회에 헌신하며 인간관계를 중시하고 이상을 추구하며 자기 자신을 표현하는 것이다.

이때 평생직업교육에서 바라보는 직업은 단순히 경제적인 보상과 사회적인 지위를 내세우는 외재적 가치가 아니라, 일 활동을 통해 자신의 능력을 펼치고, 본인 주변의 사람들과 좋은 관계를 유지하며 개인이 중시하는 내재적 가치를 포함하고 있어야 한다. 구체적으로, 자신이 하고 있는 일이 사회나 기업 또는 시민을 위해 중요한 역할을 하고 있다는 신념, 일 활동을 통해 다른 사람들과 공동체를 이루어 봉사하는 정신을 갖추고 실천하는 태도, 그리고 직업에 대한 사회적 역할과 책무를 충실히 수행하고 책임을 다하는 태도 등이다. 또한 평생직업교육을 통해 사회참여를 지속하고, 이로써 심리적인 만족과 삶의 보람, 그리고 자아실현을 이루려는 직업에 대한 새로운 가치가 수립되어야 할 것이다.

3. 사회공헌 관점에서의 접근

평생직업교육은 개인이 성공적인 삶을 이룰 수 있도록 접근하는 정책으로써 먼저 성공적인 삶과 직업과의 연계를 고려해야 한다. 지금까지 현재 사회에서 일반적으로 받아들여지는 성공적인 삶이라는 개념과 직업이 전달해주는 경제적 그리고 사회적 보상과는 매우 깊은 연관이 있다. 이런 연계에서 과감히 벗어나, 평생직업교육에서는 직업과 관련하여 본인의 재능을 발휘하고, 이를 통해서 사회공헌을 이루는 성공적인 삶에 대한 새로운 접근을 시도해야 할 것이다. 이는 직업이 단순히 돈을 벌고, 사회에서의 지위를 유지하기 위한 수단이 아니라, 나의 역량을 발휘하여 사회를 발전시키고, 이를 통해 나를 더욱 발전시킬 수 있다는 사회공헌적 관점에서 바라보아야 한다. 평생직업교육은 이와 같은 사회공헌적 관점에서 직업을 정의하고, 이에 맞추어 구성원들에게 경력목표를 제시, 이를 달성할 수 있도록 기회와 자원을 제공하는 역할을 해야 한다.

Ⅱ. 평생직업교육 정책방향

1. 평생직업교육 비전 수립

평생교육 부문과 직업교육 부문은 모두 일자리 교육을 진행하고 있으나 그 내용에는 차이가 있다. 직업교육에서 진행되는 일자리 교육은 경제적으로 생계수단이 되는 자격인정, 취업, 창업 등의 교육으로 운영되며, 청년 · 여성 · 중장년 등 직업이 필요한 학습자들을 위한 일자리 교육의 형태가 대부분이다. 이에 비해 평생교육에서 진행되는 일자리 교육은 소득창출보다 학습을 통한 즐거움을 우선시하며 재능 공유, 학습활동, 참여와 나눔 등의 내적 가치가 중요한 학습자들을 대상으로 교육을 진행한다. 직업교육과 평생교육이 진행하는 일자리 교육의 내용에 차이가 있음에도 불구하고 특별한 구분 없이 일자리 사업이란 이름으로 다양한 사업이 수행되고 있으며, 사업 수행기관은 유사한 이름의 사업이지만 사업마다 목적, 내용, 평가방식 등이 상이하여 시행과정에서 혼란을 겪고 있다.

평생교육 차원에서 제시하는 직업교육의 개념은 개인이 일의 세계를 탐색하고 자신의 적성, 흥미, 능력, 신체적 특성, 가치관 등에 알맞은 일을 선택하여 그 일에 필요한 지식, 기능, 태도, 이해, 판단력, 일에 대한 습관 등을 개발하거나 이미 현직에 종사하고 있는 근로자가 자기 일을 개선 · 유지할 수 있도록 학교교육, 사회교육, 그리고 일의 현장을 통하여 능력을 개발하는 전체 교육의 일부로 정의할 수 있다(김승근, 2014). 이는 '생애경력개발'의 개념과 유사한 의미로 받아들여질 수 있다. 생애경력개발이란, 구성원이 생애주기에 따라 경력목표를 수립하고 이를 달성할 수 있도록 기회와 자원을 제공하는 총체적인 활동을 의미하며, 이러한 관점에서 경력이란 구성원 개인의 가치관을 기반으로 자기 주도적이고 적극적인 노력을 통해 스스로 발전시켜 나가는 것으로 개인의 생애에 걸쳐 함께 발전하는 것이다(구정모, 2010).

평생교육의 입장에서 시행하는 직업교육인 '평생직업교육'은 취업과 연계된 특정 직무역량을 개발하기 위한 교육에서 벗어나 개인의 일 활동을 통해 자기의 가치를 표현함으로써 성공적인 삶을 살 수 있도록 전 생애에 걸쳐 개인의 능력개발을 지원하는 교육으로 정의할 수 있다. 위에 제시한 평생직업교육의 새로운 개념을 바탕으로 평생직업교육 기본방향을 정하고 이를 시민들에게 적극적으로 홍보하는 과정이 필요할 것이다.

세부 실행 정책

• 민주적 의사결정 과정을 통한 평생직업교육 비전 수립

앞에서 제시된 평생직업교육 기본방향인 '생애경력개발', '직업가치', '사회공헌' 등의 내용이 실제 정책으로 반영되기 위해서는 시민들이 함께 만들어가는 비전 수립 과정이 필요하다. 기존 정책의 하향식 접근방식에서 벗어나 시민들이 직접 정책에 참여하고 공감대를 형성할 수 있도록 다양한 비전 수립 과정이 마련되어야 할 것이다.

• 평생직업교육 홍보 방안 마련

제시된 평생직업교육 기본방향과 비전을 효과적으로 시민들에게 전달하기 위해서는 체계적이고 지속적인 홍보 방안 마련이 필요하다. 시민들이 쉽게 접할 수 있는 다양한 홍보 매체를 통해 평생직업교육의 중요성과 필요성을 알리고, 시민들이 평생직업교육에 대한 이해와 관심을 가질 수 있도록 홍보 방안을 강구해야 한다.

2. 평생직업교육 지원체계 구축

현재 다양한 기관에서 평생교육과 직업교육을 진행하고 있으나, 교육의 내용과 목적이 상이하며, 이에 따른 중복된 교육이 발생하고 있다. 평생직업교육의 효율적인 운영을 위해서는 평생교육과 직업교육의 연계가 필요하며, 이를 위한 지원체계 구축이 필요하다.

세부 실행 정책

• 평생교육과 직업교육의 연계 방안 마련

평생교육과 직업교육의 연계를 위해서는 양 부문이 협력할 수 있는 제도적 장치가 필요하다. 이를 위해서는 평생교육과 직업교육의 연계를 위한 법적 · 제도적 기반을 마련하고, 두 부문이 협력하여 교육과정을 개발하고 운영할 수 있도록 지원해야 한다. 이를 통해 교육의 중복을 방지하고, 교육의 질을 높일 수 있을 것이다.

• 평생직업교육 지원센터 설립

평생직업교육을 효율적으로 운영하기 위해서는 중앙정부와 지방자치단체, 그리고 평생교육기관과 직업교육기관이 협력할 수 있는 지원체계가 필요하다. 이를 위해서는 중앙정부 차원의 평생직업교육 지원센터를 설립하고, 지방자치단체와 협력하여 지역 단위의 평생직업교육 지원센터를 운영할 수 있도록 해야 한다. 지원센터는 평생직업교육의 기획 · 운영 · 평가 등을 총괄하며, 교육과정 개발, 교재 개발, 교사 연수, 교육기관 지원 등을 담당할 것이다.

3. 평생직업교육 프로그램 개발

평생직업교육의 기본방향과 비전을 바탕으로 다양한 프로그램을 개발하고 운영해야 한다. 프로그램 개발은 개인의 생애주기에 맞추어 경력목표를 수립하고, 이에 따라 개인의 능력개발을 지원하는 방향으로 이루어져야 한다.

세부 실행 정책

- **생애경력개발 프로그램 개발**

생애경력개발 프로그램은 개인의 생애주기에 맞추어 경력목표를 수립하고, 이를 달성할 수 있도록 지원하는 프로그램이다. 이를 위해서는 개인의 적성, 흥미, 능력, 신체적 특성, 가치관 등을 고려한 맞춤형 프로그램을 개발하고, 개인의 경력목표에 따라 다양한 교육과정을 제공해야 한다.

- **직업가치 함양 프로그램 개발**

직업가치 함양 프로그램은 개인이 직업을 통해 자신의 가치를 실현할 수 있도록 지원하는 프로그램이다. 이를 위해서는 직업에 대한 올바른 가치관을 정립하고, 직업을 통해 자신의 능력을 발휘할 수 있도록 다양한 프로그램을 개발해야 한다.

- **사회공헌 프로그램 개발**

사회공헌 프로그램은 개인이 직업을 통해 사회에 공헌할 수 있도록 지원하는 프로그램이다. 이를 위해서는 직업을 통해 사회에 기여하는 방법을 교육하고, 이를 실천할 수 있는 기회를 제공해야 한다.

제4차 산업혁명과 저출산 · 고령화 사회에서 발생하는 일자리 환경의 변화와 직업 · 직무 변화에 대비하기 위해서는 기존의 직업능력개발 훈련 프로그램에 변화가 필요하다. 평생직업교육은 중등교육과 대학수준에 초점을 둔 학령기 위주의 직업교육과 특정한 직무에 대한 직무수행 역량개발에 초점을 맞춘 직업교육 체제에서 벗어나, 평생에 걸쳐서 개인에 맞는 경력 경로를 다양하게 열어주어야 한다. 이를 위해서는 평생직업교육 기본방향을 정하고, 평생직업교육 비전을 수립하며, 평생직업교육 지원체계를 구축하고, 다양한 프로그램을 개발해야 한다. 평생직업교육의 효율적인 운영을 위해서는 중앙정부와 지방자치단체, 그리고 평생교육기관과 직업교육기관이 협력할 수 있는 지원체계가 필요하며, 이를 통해 시민들이 새로운 일자리 환경에 효과적으로 대응할 수 있도록 해야 할 것이다.

참고문헌

김정민, 2017, 노인직업능력개발을 위한 평생교육프로그램 개발 방향 탐색, 한국콘텐츠학회논문지, 17(1), 728~739.

김종윤, 조대연, 오소영, 최지현, 2020, 평생직업교육에 대한 요구분석과 정책제안 연구-경기도 평생직업교육 현황을 중심으로, 평생교육학연구, 26(2), 161~184.

정철영, 정진철, 이종범, 정동열, 임효신, 이서정, 임정훈, 2015, 우리나라 진로교육 현황 및 발전 방향 연구, 진로교육연구, 28(3), 155~171.

김정희, 정일환, 정진철, 주동범, 이현민, 2016, 4년제 대학교의 진로교육 프로그램 및 진로교육전담기구 현황 분석, 진로교육연구, 29(4), 1~28.

이기형, 2010, 직업세계의 변화와 상업계 고등학교 직업교육 개선 방안, 상업교육연구, 24(1), 139~172.

정철영, 이영광, 이승엽, 김동주, 김기민, 이진규, 김도현, 2022, 우리나라 국가 진로교육 정책 동향, 진로교육연구, 35(1), 81~109.

이지연, 권효원, 2021, 한국의 진로교육 혁신 방안: 해외 주요국 사례의 시사점을 중심으로, 진로교육연구, 34(4), 59~81.

김진화, 고영화, 권재현, 정민주, 2010, 한국 평생교육프로그램 분류체제 개발 연구, 평생교육학연구, 16(3), 211~236.

김동철, 김정원, 2014, 평생교육과 연계한 경력개발제도: 아시아나항공 사례를 중심으로: 아시아나항공 사례를 중심으로, Korea Business Review, 18(2), 45~67.

이진구, 정일찬, 오미래, 2018, 중장년 생애경력설계 프로그램 개발 연구, 평생교육 · HRD 연구, 14(3), 1~30.

정철영, 임정훈, 김태환, 임한려, 임소현, 이영광, 2019, 진로교육 성과평가를 위한 개념적 모형 개발, 진로교육연구, 32(3), 285~307.

정철영, 이유우, 김태환, 최로미, 이승엽, 박신희, 박선영, 2019, 진로교육 성과평가 관련 선행연구 실태분석, 진로교육연구, 32(4), 331~357.

현순안, 최동규, 김상희, 2021, 청소년 진로성숙도와 진로활동 간의 종단연구: 대구교육종단연구(DELS) 패널자료를 활용하여, 한국청소년활동연구, 7(4), 1~24.

최영준, 2016, [진로교육법]의 문제점과 개선방향, 평생학습사회, 12(3), 59~79.

김인숙, 김창환, 리상섭, 2020, 중장년 취업아카데미 생애경력설계 표준프로그램 개발 사례, 교육컨설팅코칭연구, 4(2), 5~25.

김기홍, 2005, 초 · 중등학교 기초직업교육관련 교과서내분석과 개선 과제, 진로교육연구, 18(1), 45~69.

정진철, 2008, 직업교육학의 학문분류체계 개발, 직업교육연구, 27(2), 161~195.

임해경, 정윤경, 나현미, 이지은, 2018, 주요 선진국의 대학 진로교육 정책 및 사례 비교: 영국 · 미국 · 싱가포르를 중심으로, 비교교육연구, 28(3), 77~101.

이지원, 송보라, 이기학, 2017, 성인의 생애단계별 진로적응 과업척도 개발 및 타당화 연구, 한국심리학회지: 상담 및 심리치료, 29(4), 1077~1114.

김지연, 2021, 고등학교 담임교사가 인식하는 우수 진로전담교사의 직무수행 특성에 대한 개념도 연구, 진로교육연구, 34(1), 43~72.

김미령, 2022, 중년기 여성의 진로전환: '사람을 돕는 직업군(Helping professions)'의 진로생애사 연구, 아시아여성연구, 61(1), 87~126.

전윤선, 2023, 한국과 일본의 대학생 대상 진로교육–인문 (어학) · 사회계열 대학생의 진로교육을 중심으로, 일어일문학, 98, 169~184.

최중화, 2023, 4차 산업혁명 시대 한국교회 진로지도 방향에 대한 제안, 교회교육 · 복지실천 연구, 5(1), 88~99.

전소영, 채혜영, 정현희, 2024, 대학생의 역기능적 진로사고 잠재프로파일에 따른 진로준비행동, 우울, 문제해결력의 차이, 진로교육연구, 37(2), 71~92.

고용노동부, 2017년 전국 지방자치단체 일자리대상 우수사례집.

고용노동부, 2018년 고용노동백서.

고용노동부, 2018, 지방자치단체 주도의 거시적이며 체계적인 평생직업교육 정책수립 필요성.

고용노동부, 2019, 지역고용정보 네트워크.

교육부, 2024, 제5차 평생교육진흥기본계획('23~'27년), Retrived from https://www.moe.go.kr/boardCnts/viewRenew.do?boardID=338&boardSeq=98914&lev=0&m=0304

구정모, 2010, A 항공사의 생애경력개발 프로그램(L–CDP) 도입 사례 연구, 한국항공경영학회지, 10(3), 139~155.

국가법령정보센터, 2024, 직업교육훈련촉진법, Retrieved from https://www.law.go.kr/LSW/eng/engLsSc.do?menuId=2&query=Vocational%20Education%20and%20Training&x=0&y=0#liBgcolor0

국가법령정보센터(2024), 평생교육법, Retrived from https://www.law.go.kr/LSW/lsInfoP.do?lsiSeq=111417#0000

국가평생교육진흥원, 2016, 4차 산업혁명 시대의 평생교육 방향.

김동철, 김정원, 2014, 평생교육과 연계한 경력개발제도, Korea Business Review, 18(2), 45~67.

김수린, 배지영, 안서연, 허선영, 김혜인, 2020, 신노년세대를 위한 노인일자리사업 개편방안 연구, 한국노인인력개발원.

김승근, 2014, 평생직업교육을 통한 주민의 취업률 제고 방안, 대구대학교 산업ㆍ행정대학원, 석사학위논문.

김승현, 2010, 대학생들의 평생교육에 관한 인식 연구, 대진대학교 교육대학원 석사학위논문.

김종서 외, 2000, 평생교육원론, 서울: 교육과학사.

김종서, 최영준, 박영수, 2000, 평생교육원론, 서울: 교육과학사.

김진하, 2016, 취업상태 변화에 관한 동태적 연구, 한국경제연구, 34(3), 127~166.

김진화, 2006, 평생교육방법 및 실천론, 서울: 서현사.

김진화, 고영화, 권재현, 정민주, 2010, 한국 평생교육프로그램 분류체제 개발 연구, 평생교육학연구, 16(3), 211~236.

김혜숙, 2015, 평생교육 활성화를 위한 연구, 건국대학교 행정대학원 석사학위논문.

나승일, 2001, 직업교육 패러다임의 이해, 부산시교육청 중등학교 직업교육 직무연수 교재.

마상진, 2004, 실업계 고등학교 교사의 직업교육 가치성향과 조직몰입의 관계, 서울대학교 박사학위논문.

박경문, 이용탁, 1999, 경력개발을 통한 인적자원개발에 관한 연구, 경성대학교 논문집 사회편, 20(2), 147~165.

배을규, 2006, 성인교육의 실천적 기초: 이론과 방법, 서울: 학지사

삼성전자, 2024, Retrieved from https://www.samsung.com

안재문, 2014, 여성 구직자의 직업교육 프로그램 만족도에 관한 연구, 공주대학교 대학원 석사학위논문.

양미경, 2018, 4차 산업혁명시대 진로교육의 방향 모색, 탐라문화, (59), 187~209.

오승균, 김진수, 2007, 경기도 전문계고등학교 교사들의 국외체험 연수과정이 직업교육 인식 변화에 미치는 영향, 대한공업교육학회지, 32(1): 153~171.

유홍준, 2005, 현대사회와 직업, 서울: 그린.

이무근, 1999, 직업교육학원론, 서울: 교학과학사.

이무근, 2000, 직업교육학원론, 서울: 교학과학사.

이무근, 2003, 직업교육학원론(제3판), 서울: 교육과학사.

이무근, 이용환, 정철영, 배진한, 최애경, 이종성, 나승일, 1997, 직업능력인증제 도입을 위한 정책연구, 직업교육연구, 16, 109~129.

이병욱, 이정표, 2007, 국가인적자원개발의 효과성 제고를 위한 미래형 직업교육체제 탐색, 직업교육연구, 26(2), 133~154.

이운영, 2002, 표준국어대사전 연구 분석, 서울: 국립국어원.

이정표 외, 2000, 평생 직업교육훈련 종합 대책, 서울: 한국직업능력개발원

이정표, 백형찬, 정길채, 김기홍, 2003, 전환기의 직업교육체제 재정립, 서울: 한국직업능력개발원.

이진구, 정일찬, 오미래, 2018, 중장년 생애경력설계 프로그램 개발 연구, 평생교육, HRD연구, 14(3), 1~30.

장원섭, 2001, 해방적 직업교육을 위한 제안, 교육사회학연구, 11(2), 125~143.

장원섭, 2011, 인적자원개발 이론과 실제, 서울: 학지사.

정지선, 2017, 지속적인 직업능력 개발은 필수, 평생직업교육 협력 플랫폼 구축을, 나라경제, 2017년 12월, KDI.

정진철, 2008, 직업교육학의 학문분류체계 개발, 직업교육연구, 27(2), 161~195.

진성미, 2009, 경력 역량 탐색을 위한 평생학습의 시사, 평생학습사회, 5(2), 21~44.

천세영, 2002, 인간자원개발과 교육에 관한 음미, 평생교육학연구, 8(1), 201~219.

천세영, 한숭희, 2006, 평생학습사회에서의 고등교육의 의미와 대학의 위상전환, 평생교육학연구, 12(1), 127~144.

편경희, 2006, 전통적 직업교육의 대안 탐색: 교육철학적 반성과 연구방향을 중심으로, 교육문제연구, 24, 73~95.

편제호, 2015, 재취업을 위한 직업교육의 실태 분석, 한국외국어대학교 교육대학원, 석사논문.

한국직업능력개발원, 1999, 직업교육훈련대사전, 한국직업능력개발원

한국직업능력개발원, 2016, 지방정부의 지역맞춤형일자리창출 및 평생직업교육훈련 지원 활성화 방안, 세종특별자치시: 한국직업능력개발원,

한국직업능력개발원, 2017, 미래사회 변화에 대응하는 평생직업교육 정책방향, 세종특별자치시: 한국직업능력개발원.

한숭희, 2006, 평생교육론: 평생학습사회의 교육학(2판), 서울: 학지사.

허재준, 2017, 4차 산업혁명이 일자리에 미치는 변화와 대응, 노동리뷰, 62~71.

황종건, 1992, 사회교육체계의 재정립, 한국교육의 새로운 선, 21세기 정책연구원.

AARP Back to Work 50+: 2024, Retrieved from https://www.aarp.org/work/job- search/back-to-work-50-plus/

Amazon Career Choice, 2024, Retrieved from https://www.amazoncareerchoice.com

Australian Council for Educational Research, 2003, Australian Thesaurus of Education Descriptors(3rd ed.). Melbourne, Australia: Australian Council for Educational Research.

Bright, 2017, The Change Perception Index.

Copa, G.H., & Bentley, C.B., 1992, Vocational education. National Center for Research in Vocational Education, University of California at Berkeley.

Frey, Holmes & Osborne, 2016, The Future of Employment: How susceptible are jobs to computerization?

Gilley, J.W. & Eggland, S.A., 1989, Principles of Human Resource Development. MA: Addison-Wesley in association with University Associates.

Gilley, J.W., Eggland, S. A., & Gilley, A.M., 2002. 인적자원개발론(장원석 역, 2003), 서울: 학지사.

Google, 2024, Retrieved from https://www.google.com

Hall, D.H., 1986, Breaking career routines: Midcareer choice and identity development. In D.T. Hall & Associates(Eds.), Career development in organizations(pp.120~159), San Francisco: Jossey Bass. Hall, D.H., 2002, Careers in and out of organizations. Thousand Oaks, CA: Sage.

IBM Think Academy, 2024, Retrieved from https://www.ibm.com

Korea IT Education Center, 2024, Retrieved from https://www.koreaitedu.or.kr/

Law, G. F. (Ed.)., 1971, Contemporary concepts in vocational education. American Vocational Association.

Lengrand, Paul, 1970, An Introduction to Lifelong Education. Paris: UNESCO.

LG전자, 2024, Retrieved from https://www.lge.co.kr

Mitchell, Levin & Krumboltz, 1999, Planned Happenstance: Constructing Unexpected Career Opportunities.

National Center for Education Statistics, 2000, Vocational Education in the United States: Toward the Year 2000, Jessup, MD: U.S. Department of Education.

National Center for Education Statistics, 2002, Classification of Instructional Programs: 2000 Edition. Jessup, MD: U.S. Department of Education.

OECD, 2002, Understanding the Brain: Towards a New Learning Science. https:// www.oecd.org/education/ceri/understandingthebrain.htm

Profeli, Lee & Vondracek, 2013, Changes in Career Exploration and Commitment during the Transition to Work: A 6-year Longitudinal Study.

Quane, A., 2002, Key competencies for lifelong learning. In M. Singh(Ed), Institutionalising lifelong learning: Creating conducive environments for adult learning in the Asian context. Hamburg UNESCO Institute for Education(UIE).

Savickas, 2005, Career Construction Theory and Practice.

Senior Start-up School, 2024, Retrieved from https://www.seniorstartup.jp/

Super, D. E., 1990, A life-span, life-space approach to career development. In D. Brown & L. Brooks (Eds.), Career choice and development: Applying contemporary theories to practice (pp.197~261). San Francisco, CA: Jossey-Bass.

Super, D. E., 1990, A life-span, life-space approach to career development. In D. Brown & L. Brooks(Eds.), Career choice and development: Applying contemporary theories to practice(pp.197~261), San Francisco, CA: Jossey-Bass.

UNESCO, 2007, UNESCO Thesaurus. Retrived April 28, 2008, from http://databases.unesco.org/thesaurus/

Weber, M., Owen, D. S., & Strong, T. B., 2004, The vocation lectures. Hackett Publishing.

World Economic Forum, 2016, The Future of Jobs.

GLOBAL FUTURE

직업교육으로 가는 새로운 길

초판발행 2025년 4월 25일

지은이 김은비 · 김종윤
펴낸이 노 현

편 집 정은희
기획/마케팅 이선경
표지디자인 BEN STORY
제 작 고철민 · 김원표

펴낸곳 (주) 피와이메이트
서울특별시 금천구 가산디지털2로 53, 210호(가산동, 한라시그마밸리)
등록 2014. 2. 12. 제2018-000080호
전 화 02) 733-6771
fax 02) 736-4818
e-mail pys@pybook.co.kr
homepage www.pybook.co.kr
ISBN 979-11-7279-067-7 93370

정 가 12,000원

박영스토리는 박영사와 함께하는 브랜드입니다.